8° M 22518

EN RUSSIE SOVIÉTIQUE

Vers le Socialisme

◆

Compte rendu de deux délégations des travailleurs confédérés et unitaires des transports en U.R.S.S.

1926

Prix : 2 francs

EN VENTE AU BUREAU D'ÉDITIONS
DE DIFFUSION ET DE PUBLICITÉ
112, FAUBOURG SAINT-DENIS, PARIS

EN RUSSIE SOVIÉTIQUE

8 M

22518

Délégation de Septembre-Novembre à Tiflis

EN RUSSIE SOVIÉTIQUE

Vers le Socialisme

◆

*Compte rendu de deux délégations
des travailleurs confédérés et
unitaires des transports en U.R.S.S.*
1926

◆

EN VENTE AU BUREAU D'EDITIONS
DE DIFFUSION ET DE PUBLICITÉ
132, FAUBOURG SAINT-DENIS, PARIS

Cellier et Demusois

Composition des deux délégations

Délégation des Transports et des Cheminots
(Septembre, Octobre, Novembre 1926)

DEGRANGE, Cheminot Confédéré, Président de la Délégation.

VAQUETTE, Secrétaire T. C. R. P. Unitaire, Secrétaire de la Délégation.

BELLŒUVRE, Cheminot Confédéré.

BRICHE, Secrétaire Union Cheminots de l'Est Unitaire.

GALLAND, Secrétaire Cochers-Chauffeurs Unitaires, de Paris.

LEBEGUE, Secrétaire Fédération Unitaire des Moyens de Transports.

LEHOUE, Cheminot du P. L. M. (Unitaire).

PICARD, Chauffeur de Taxi (Unitaire).

MAILLOUX, Comptable Fédération Cheminots Unitaires.

Délégation de la Fédération des Cheminots Unitaires
(Mars et Avril 1926)

CELLIER, Secrétaire Propagande Union P. L. M. Unitaire.

DEMUSOIS, Secrétaire de la Fédération Unitaire des Cheminots.

Amis lecteurs,

Deux délégations d'ouvriers des transports sont allées en Russie Soviétique à quelques mois d'intervalle.

La première délégation est arrivée à Moscou en Mars 1926, et en est repartie en avril, de la même année.

Elle était composée de deux camarades représentant tous les syndicats unitaires des cheminots.

La seconde délégation, de beaucoup plus importante, par le nombre et par sa composition, comprenait 9 délégués parmi lesquels se trouvaient 2 syndiqués confédérés. Cette dernière délégation représentant les différentes branches des transports par terre, séjourna en Russie Soviétique du mois de septembre au mois de novembre, soit environ deux mois.

Son champ d'investigation fut beaucoup plus étendu que celui de la première délégation, et par ce fait son travail d'observation et d'analyse de la vie des ouvriers russes dans les Transports fût très considérable.

C'est à elle que revient l'initiative de ce livre, qui représente cependant les efforts conjugués des deux délégations.

AVANT-PROPOS

En mettant le pied sur le sol de l'U. R. S. S., nous ne savions de quelle façon nous pourrions mener une enquête en toute impartialité ignorant comment nos camarades russes nous permettraient de nous rendre compte de ce que nous désirions voir et entendre.

Nous pouvons dire qu'à notre arrivée à Moscou les questions suivantes nous ont été posées :

Que désirez-vous voir ? Où voulez-vous vous diriger pour mener votre enquête à bien ? Etablissez un programme et nous le classerons dans l'ordre pour éviter la perte de temps. Nous sommes à votre entière disposition. Après avoir envisagé différents points de vue, la première délégation (mars-avril 1926) décida de visiter la région de Moscou, l'Ukraine et Léningrad; la deuxième délégation (septembre-octobre-novembre 1926) décida de visiter la région de Moscou, l'Ukraine, le Caucase du Nord, la Géorgie, l'Azerbeidjan, la Russie Blanche, l'Oural, la région de Léningrad.

Nous devons déclarer en toute franchise, que partout les militants locaux, tant de l'organisation syndicale, que des Soviets, se sont mis à notre entière disposition, facilitant dans toute la mesure de leurs moyens nos possibilités d'enquête.

Nous devons dire aussi que nous avons, soit dans les ateliers, soit dans les établissements hospitaliers, rencontré des camarades russes, de qui la langue française était connue et nous avons ainsi pu discuter avec eux, en dehors de tout contrôle officiel ou officieux. Nous avons interrogé, questionné des camarades hommes, femmes, jeunes garçons, jeunes filles, camarades de toutes conditions sociales avant la révolution, aujourd'hui tous prolétaires; nous avons interrogé des chefs d'ateliers, d'usines, d'entreprises non ralliés au nouveau régime, nous pouvons dire que nos enquêtes furent impartialement menées. Par la lecture des pages qui suivent, nos camarades se rendront compte que les deux délégations ne se sont pas laissé impressionner par l'amabilité, la cordialité des représentants officiels.

Toujours nous avons mis en face de leurs déclarations, la réalité; nous avons profité des réunions publiques pour poser des questions et ce sont les travailleurs eux-mêmes qui, par leurs réponses confirmaient les déclarations que nous faisaient les « officiels ».

Nos visites dans les usines, dans les petits ateliers, dans les hôpitaux, sanatoriums, préventoriums, cités ouvrières, maisons ouvrières, magasins coopératifs, casernes, prisons, bateaux sur le Volga etc., ont été faites en toute liberté et souvent à l'improviste. Jamais nous n'avons rencontré la moindre opposition à nos désirs de visiter telle ou telle partie des établissements que nous désirions voir.

Nous avons pu constater partout l'effort considérable fait pour l'éducation de la jeunesse.

Cette jeunesse est un peuple nouveau qui se lève, brisant franchement avec le passé, avec la pensée constante du plus grand bien-être de l'humanité.

Nous avons constaté par les proportions de membres du Parti Communiste dans les usines, dans les ateliers, et par le nombre des syndiqués que les sans-parti sont la grande majorité.

Nous sommes allés en U. R. S. S. avec l'esprit tout à fait libre, et nous sommes heureux de constater que les syndicats sont mieux organisés que nous ne le pensions. Ce que nous avons vu, nous montre le grand travail accompli par la Russie Soviétique et nous devons déclarer en être très satisfaits.

Puissent nos lecteurs sentir les mêmes impressions que nous-mêmes, et en toute loyauté tirer les conclusions qui s'imposent.

:: EN RUSSIE SOVIETIQUE ::

Structure politique
de l'Union des Républiques Socialistes Soviétiques

L'ancien régime de la Russie était la monarchie absolue, la masse laborieuse n'avait aucun droit électoral, aucune liberté.

Presque tout le terrain appartenait aux nobles, les paysans travaillaient sur ces terres, recevant un salaire minime pour une journée de travail allant du lever au coucher du soleil. Aucune loi n'existait sur les assurances sociales. La masse laborieuse était la masse des esclaves.

Organisation politique. — L'organisation politique de l'U. R. S. S. diffère du système gouvernemental des Etats bourgeois en ce que l'unique source du pouvoir à laquelle sont subordonnés tous les organes gouvernementaux sans exception, sont les *Soviets*, élus par les larges masses des travailleurs.

La plénitude de l'autorité souveraine appartient au congrès des Soviets de toute l'Union, et dans les diverses républiques particulières, au congrès des Soviets de chacune de ces provinces, d'arrondissement, de ville et de village.

En subordonnant tous les organes du pouvoir aux Soviets, en tant qu'organes immédiats du peuple, le système soviétique anéantit toutes les possibilités de conflits entre le pouvoir législatif et le pouvoir exécutif, qui caractérisent les Républiques basées sur le principe du parlementarisme.

Système électoral. — Le but des Républiques soviétiques est de détruire la Société capitaliste, de fonder le régime communiste et par là même, l'égalité et la liberté.

Mais étant donné que l'Union se trouve entourée de pays capitalistes, et que, dans son sein même, tous les *rapports* capitalistes ne sont pas encore anéantis, le pouvoir soviétique a pour tâche de briser la résistance de la classe bourgeoise qu'il a vaincue.

En conséquence le droit de vote appartient dans les Soviets à tous les travailleurs, âgés de 18 ans au moins. Il n'y a aucune restriction ni pour les femmes, ni pour les soldats, ni par suite du degré d'instruction, etc... Ne sont privés du droit de vote que les non travailleurs, c'est à dire ceux qui ne vivent pas du fruit de leur travail ou qui exploitent la main d'œuvre salariée pour en retirer un bénéfice.

Si l'on défalque cet élément non travailleur, le nombre des électeurs dans l'Union soviétique est beaucoup plus élevé que dans n'importe quelle république démocratique.

Les élections ont lieu dans les villes par syndicats industriels (des entreprises, des fabriques, des institutions) et à la campagne par canton (volost).

Le système des élections dans l'U. R. S. S. fait ainsi participer la majorité des travailleurs à l'administration de l'Etat, ce qu'on peut constater par le nombre sans cesse croissant des votes émis; exemple: aux dernières élections, 90 0/0 de tous les électeurs y ont pris part.

Organisation administrative politique de l'U. R. S. S. — L'U. R. S. S. est formée par l'Union des six républiques suivantes :

1° République Socialiste Fédérative des Soviets de Russie ;

2° République Soviétique Socialiste des Soviets de l'Ukraine ;

3° République Socialiste Fédérative des Soviets de Transcaucasie ;

SCHÉMA DE LA COMPOSITION DU COMITÉ CENTRAL

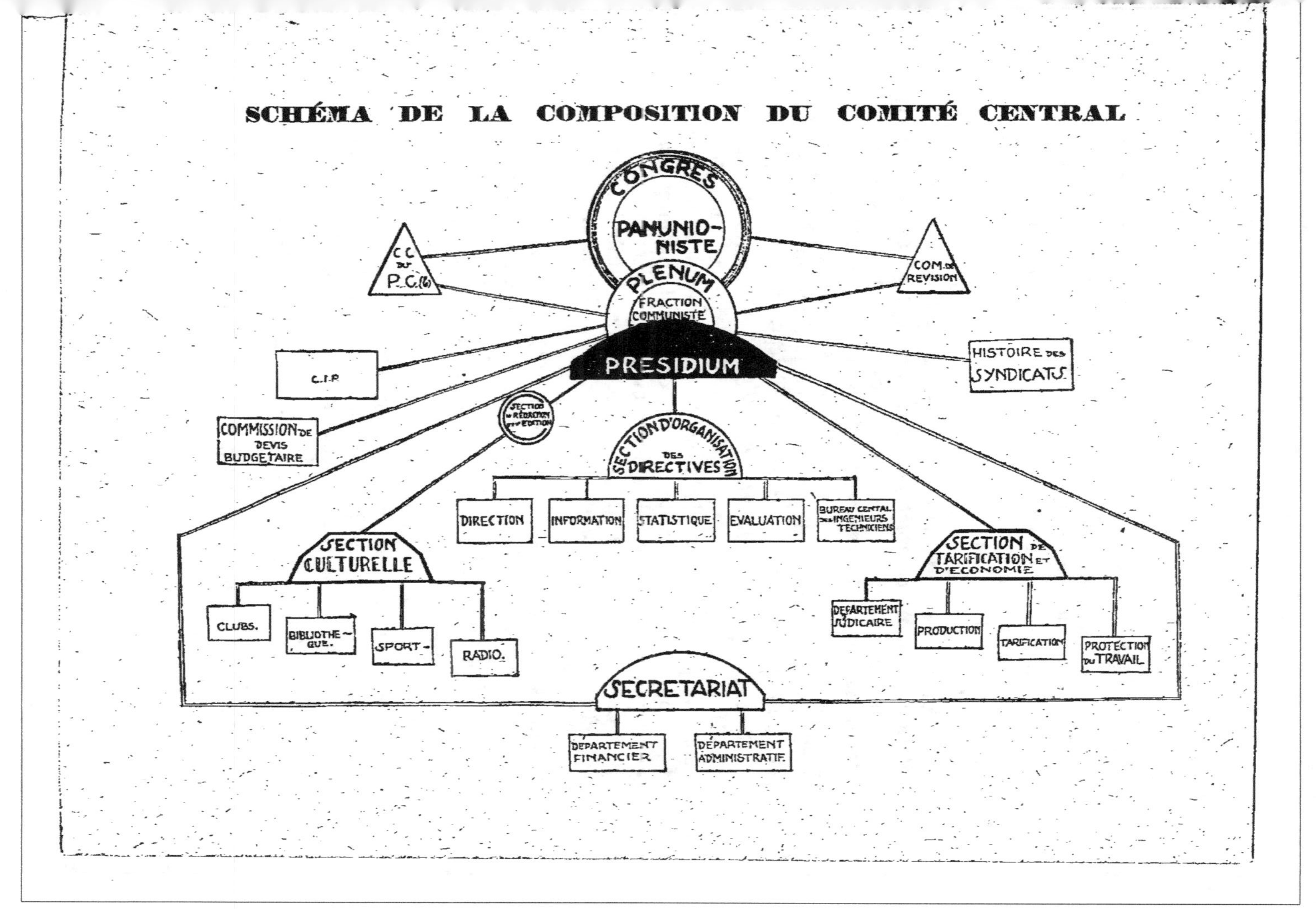

4° République Soviétique Socialiste de la Russie Blanche;
5° République Soviétique Socialiste de l'Uzbékistan ;
6° République Soviétique Socialiste du Turkménistan.

Outre ces républiques, l'U. R. S. S. comprend encore cinq régions autonomes et quelques minorités autonomes. Le territoire de l'U. R. S. S. compte 21.210.500 kilomètres carrés. La population est évaluée à 145.000.000 d'habitants.

Toutes les républiques énumérées ci-dessus jouissent d'une autonomie complète, dans tous les domaines de l'administration intérieure, sauf, dans les questions intéressant l'administration de toute l'U. R. S. S., par exemple, les relations commerciales et diplomatiques extérieures; la protection militaire et politique de l'Etat, la direction des voies et communications, des Postes et Télégraphes.

Organes centraux de l'U. R. S. S. — L'organe central de l'U. R. S. S. est le congrès des Soviets, qui est convoqué une fois par an. Le congrès des Soviets entend et discute les rapports sur l'activité du gouvernement, examine les questions constitutionnelles fondamentales, discute et approuve le budget, élit le Comité Exécutif Central de l'Union, lequel constitue l'organe supérieur de gouvernement. Le Comité Exécutif Central de l'U. R. S. S. se compose de 2 chambres; le Conseil de l'Union (371 membres) et le Conseil des nationalités (99 membres). L'organisation d'un Conseil spécial des nationalités a pour but de sauvegarder les intérêts de chaque peuple entrant dans l'Union.

Le Plénum du Comité Exécutif Central ne siège pas continuellement, mais se réunit en sessions 3 ou 4 fois par an entre les congrès des Soviets. Dans les intervalles, entre les sessions, il y a un organe siégeant continuellement qu'on appelle le Présidium du Conseil Exécutif Central, comprenant 21 membres et qui est la plus haute instance de l'Union, possédant la plénitude des pouvoirs législatifs et exécutifs.

Le Plénum du Comité Exécutif Central (C.E.C.) nomme les commissaires du peuple et fixe la composition du

SOLUTIONS DES CONFLITS

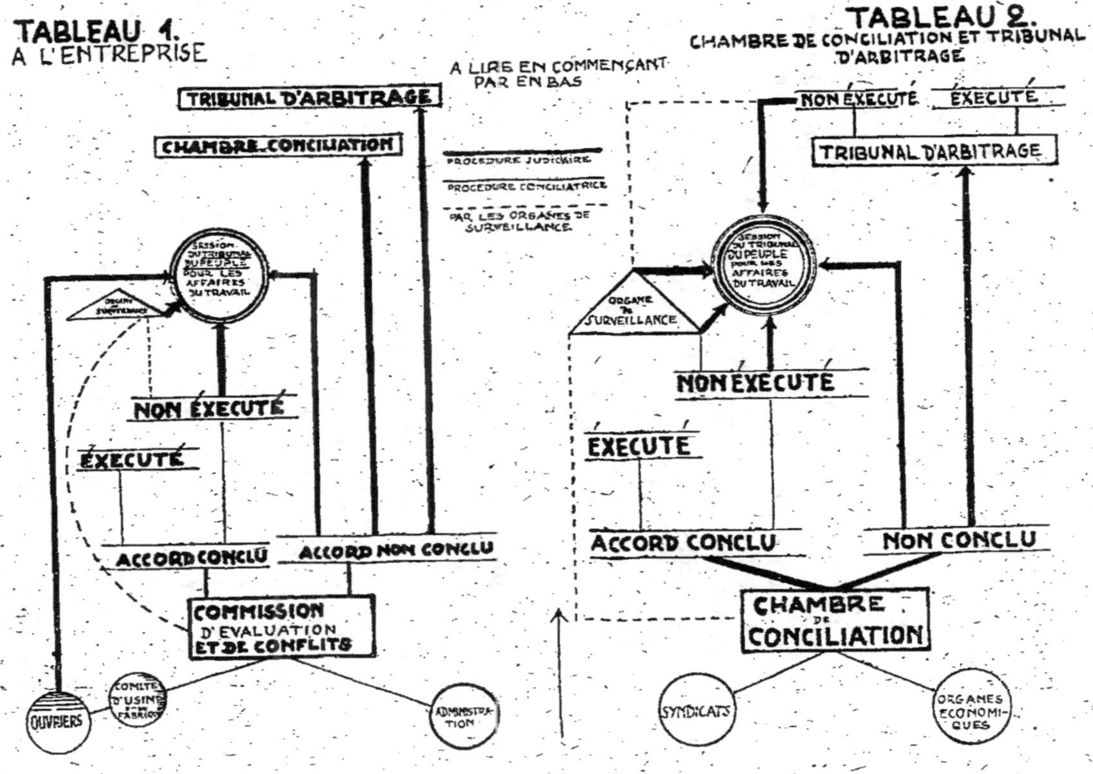

Conseil des Commissaires du peuple qui est l'organe exécutif supérieur de l'Union. Le Conseil des Commissaires du peuple est subordonné au C. E. C. et responsable devant lui. De cette façon, au rebours du système parlementaire bourgeois, on obtient la fusion des pouvoirs législatifs et exécutifs.

En ce qui concerne les Républiques Unies, chacune d'entre elle s'organise d'après le même principe. A l'instar de l'administration centrale de l'Union, chaque République Unie a son organe suprême d'administration : le congrès des Soviets, qui choisit son C. E. C. lequel est aussi l'instance suprême de la République.

A la tête de l'administration dans les régions des Républiques et dans les provinces, il y a aussi des congrès de province et de région convoquées une fois par an.

Dans les villes, les Soviets des villes sont choisis directement par la population, de même dans les villages pour les Soviets ruraux.

Dénomination des unités administratives existant dans l'U. R. R. S.

1. *Canton* (Volost). — Centre administratif inférieur groupant un certain nombre de villages.

2. *Arrondissement* (Ouiezd). — Groupement administratif des cantons autour d'un chef-lieu.

3. *Province* (Goubernia). — Groupement administratif des arrondissements.

4. *Région.* — Groupement administratif des provinces.

En traçant à grandes lignes le système électoral, il nous paraît utile de citer quelques exemples, pris au hasard de nos visites dans les diverses Républiques. Que ce soit dans les villes, villages, nous avons eu partout la confirmation que les mêmes méthodes électorales sont appliquées sans aucune difficulté.

Le chiffre donné de 90 % de travailleurs prenant part à la consultation électorale prouve d'ailleurs assez clairement l'importance qu'attache la classe ouvrière et paysanne au système de représentation électorale.

Comment les ouvriers, les paysans, l'armée, participent-ils aux élections ?

Villes. — 1.000 travailleurs élisent un délégué, il n'est pas élu moins de 50 délégués. S'il n'y a pas assez d'électeurs pour élire 50 délégués, la ville s'unit avec une autre du voisinage.

Villes de moins de 1.000 travailleurs. — 1 délégué par 100, il n'est pas élu moins de 3 délégués, même remarque que pour les villes ci-dessus. Par travailleurs on entend les travailleurs proprement dits, les ménagères de ces travailleurs sont comprises.

Villages. — 100 paysans travailleurs élisent 1 délégué au Soviet du village.

Un Soviet de village a au moins 3 délégués et pas plus de 100. Quand le village ne peut pas élire 3 délégués, il s'unit avec le ou les villages les plus proches pour élire 3 délégués.

L'armée a les mêmes droits que les ouvriers des villes. Chaque année il y a le congrès de canton où tous les Soviets délèguent leurs représentants en proportion de 1 délégué par 300 électeurs. Les congrès des Soviets de canton élisent 1 Comité exécutif pour une année, composé de 3 membres titulaires et de 2 suppléants.

Chaque année se réunit le congrès panrusse des Sodissement, composé des délégués des villes (1 délégué par 200), les délégués des cantons (1 par 1.000) et désigne un comité exécutif pour l'arrondissement.

Chaque année le congrès de province réunit les délégués des Soviets des villes et des arrondissements, les villes ont un délégué par 2.000 électeurs, les arrondissement un

Chaque année se réunit le congrès panrusse des Soprovince élit un Comité exécutif pour l'année.

Chaque année se réunit le congrès pan-russe des Soviets, composé de un délégué par 25.000 électeurs des villes, et de un délégué par 125.000 électeurs des provinces.

STRUCTURE des SECTIONS du CLUB

(SCHÉMA TYPE)   (Projet du Conseil syndical de Moscou)

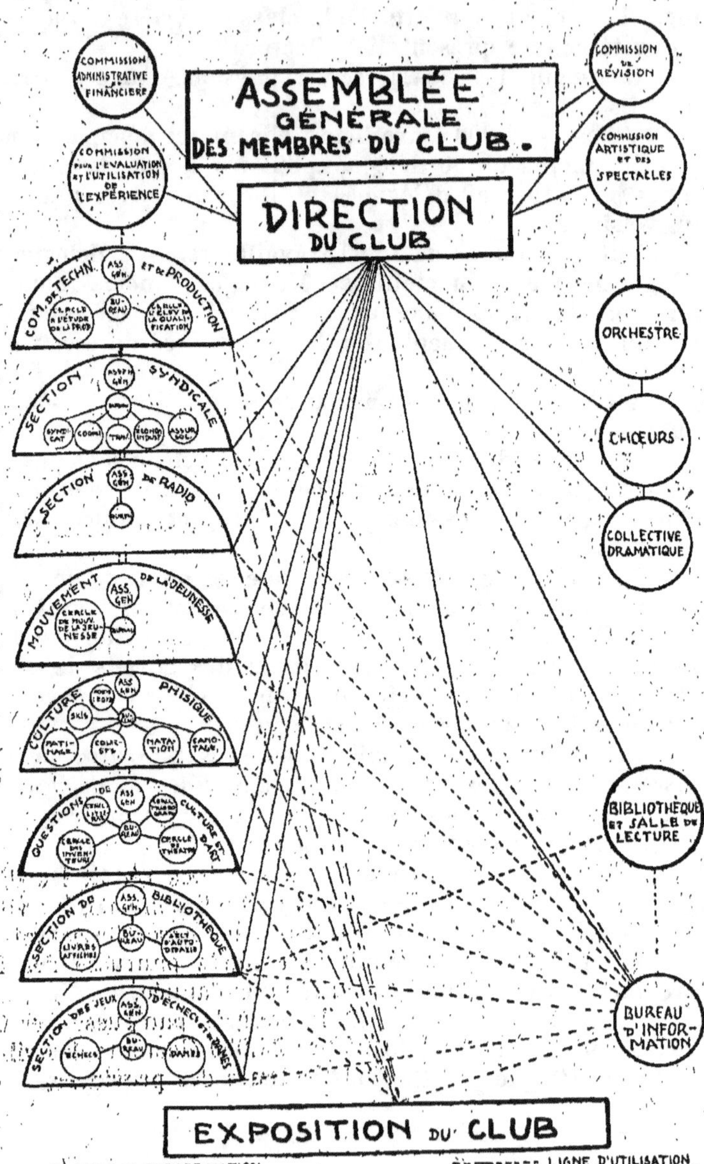

Le régime soviétique étant la dictature du prolétariat, les travailleurs des villes ont une représentation de 5 délégués contre 1 délégué des paysans. Les paysans admettent la dictature du prolétariat parce qu'elle leur a donné la terre et qu'elle leur fournit la possibilité d'avoir du matériel agricole et le bénéfice de l'assistance sous tous les rapports pour le développement de l'agriculture et leur bien-être général, ce que n'avait pu, ni voulu faire aucun des régimes antérieurs. Nous avons assisté à un congrès de Paysans de la région de Kiev, leurs vœux les plus ardents sont que leurs frères paysans de France aient le plus tôt possible le même régime qu'eux-mêmes.

Les diverses républiques composant l'U. R. S. S. jouissent de la plus grande autonomie, ont chacune leur président de la République, leur Conseil des Commissaires, élus par les travailleurs. (Pour la République Ukrainienne, c'est le camarade Petrovski, ouvrier tourneur aux ateliers de la fonderie d'Ekaterinovslav qui en est le président). Chaque république s'administre librement. Les diverses langues sont respectées et sont enseignées dans les écoles. Il n'est plus nécessaire, comme avant la révolution, de connaître la langue russe pour occuper un emploi. Autrefois un fonctionnaire du tsar n'avait pas à connaître la langue de l'Ukraine ou de l'Arménie, c'étaient à ceux qui avaient à faire à lui à parler la langue russe. Aujourd'hui, celui qui occupe un poste en contact direct avec la population est obligé de connaître la langue du pays. Le russe est la langue *internationale* de tous les peuples composant l'U. R. S. S., mais chacun d'eux conserve son propre langage. Ceci est obligé dans la période présente, il faudra encore de longues années avant l'unification de la langue. L'autonomie des peuples en Russie ne nuit pas à leur bon voisinage, au contraire. Depuis la constitution de l'U. R. S. S., les frictions antérieures sont totalement disparues et la bonne entente n'a jamais subi la moindre entorse, contrairement à ce qui se passait sous l'ancien régime. L'Arménie, le Turkestan, la Géorgie, l'Ukraine, étaient en conflit presque permanent, ces peuples ne connaissaient jamais la paix, alors qu'aujourd'hui elle règne entre eux.

D'autre part, les diverses républiques reçoivent, en tenant compte de leurs besoins, l'aide de l'organisme central. C'est ainsi que la Géorgie qui, malgré ses richesses naturelles, ne peut se développer par ses seuls moyens, reçoit une aide sérieuse qui lui permet de commencer son industrialisation. Comme exemple on peut citer la centrale électrique (utilisation de la houille blanche sur le Kourah, à Tiflis) d'une force de 52.000 chevaux, où le gouvernement central fournit les 2/3 des dépenses de première installation.

Sans cette solidarité entre peuples, jamais la Géorgie n'aurait possédé une telle centrale électrique pour le développement de son industrie.

Ce qui diffère les Soviets des systèmes parlementaires des pays bourgeois, c'est que, sans considération pour les services qu'ils ont pu rendre antérieurement, les élus sont révocables à tout moment. Les élus sont tenus de fournir un rapport à leurs électeurs sur leur activité au Soviet. En un mot la masse des travailleurs exerce un contrôle efficace et permanent.

Organisation du mouvement syndical

Nombre des syndicats. — Les syndicats ne commencèrent à se développer numériquement qu'après la révolution d'Octobre. Opprimés par les gouvernements tsaristes, ils ne comptaient guère, au commencement de la guerre mondiale que 40.000 membres. En octobre 1918, le nombre des ouvriers syndiqués atteint 1.946.000, et depuis cette époque le nombre augmente rapidement. Au premier octobre 1924, on comptait dans les différents syndicats 6.430.500 membres; au premier avril 1926, 8.768.200 dont 1.200.000 pour les transports. Le développement des syndicats a marché de pair avec la restauration de l'industrie.

Actuellement 92 % de tous les travailleurs se trouvent organisés syndicalement. Les femmes forment 27,3 % du nombre des syndiqués.

Organisation du mouvement syndical. — Tous les syndicats sont organisés d'après le principe industriel, c'est-à-dire d'après les branches de l'industrie, sans distinction de profession. Il existe 23 de ces syndicats. La cellule inférieure de chaque syndicat est dans les entreprises le *Comité d'usine ou de fabrique*, et, dans les institutions, le *Comité local*. Ce Comité d'usine est élu directement par tous les travailleurs de l'usine, sans exception. Le comité est constitué ordinairement de 7 à 21 membres. Dans ce comité il y a des permanents, un par 500 travailleurs syndiqués en règle normale, mais cette proportion peut varier suivant le nombre de travailleurs occupés dans l'usine. Les élections ont lieu tous les six mois, les membres du comité sont rééligibles et révocables à tout instant.

La délégation, dans ses nombreuses visites aux usines, ateliers, etc., faite dans les diverses régions de l'U.R.S.S.

AUGMENTATION des MEMBRES ACTIFS

DES ORGANISATIONS SYNDICALES INFÉRIEURES DE LENINGRAD

CHIFFRE	1.OCT.re 1923	1.AVRIL 1924	1.OCT.re 1924	1.JANV.er 1925	1.JUILLET 1925	1.JANV.er 1926
DES MEMBRES des COMITÉS d'USINE et de FABR.	3389	4513	5007	5434	7007	2327
DES REPRÉSENTANTS des SYNDICATS	1998	1481	1792	788	499	168
DES DÉLÉGUÉS de CORPORATION	4245	7616	18028	21345	27115	34740
DES MEMBRES des COMMISSIONS — CULTURELLE ÉDUCATRICE	1049	2034	2979	4293	5442	8451
DE PROTECTION du TRAVAIL	756	1129	2370	3523	4543	7610
DE PRODUCTION	—	1781	1069	3532	5356	5765
DE REVISION	—	—	1701	2416	3326	4143
D'EVALUATION et de CONFLITS	1177	1472	1322	1012	1419	1787
DIVERS	251	396	268	—	—	589
	12865	20422	34554	42343	54707	71580

COMPOSITION des MEMBRES ACTIFS des ORGANISATIONS SYNDICALES INFÉRIEURES

AU POINT DE VUE DE L'APPARTENANCE AU P.C.   AU POINT DE VUE DE SEXE

a pu se rendre compte quel organe influent est le comité d'usine : pour la défense, la protection et l'éducation des travailleurs. L'embauchage des travailleurs, les peines disciplinaires, les révocations ne peuvent se faire ni être appliquées, que d'accord avec le syndicat, directement représenté dans l'usine par le comité d'usine ou par le comité local. Le comité d'usine a toujours son siège dans l'usine. Pour résoudre toutes les questions sujettes à conflit, une commission paritaire des conflits fonctionne et est composée des représentants des ouvriers et des représentants de l'administration. En dehors de cela, de temps en temps, et toujours sur la demande du comité d'usine, l'administration doit fournir devant l'assemblée générale des travailleurs de l'usine, un rapport sur son travail. Les principales tâches du Comité d'usine sont les suivantes :

1° Salaires ;
2° Conflits ;
3° Protection du travail ;
4° Travail culturel ;
5° Perception des cotisations syndicales ;
6° Liaison avec le syndicat.

Les comités locaux des entreprises ou des institutions de production homogène de tout un arrondissement sont groupés en *sections d'arrondissement du syndicat.* L'organe suprême du syndicat est le *congrès pan-russe de toutes les organisations* d'une production homogène. Ce congrès choisit le *comité central du syndicat* qui désigne le présidium dont le ressort s'étend sur toute l'Union. Tous les syndicats de *production hétérogène* sont groupés par des organes intersyndicaux. Parmi ces derniers, il y a :

1° Le *Conseil central panunioniste des syndicats*, qui est l'organe directeur et unificateur du mouvement professionnel dans l'U. R. S. S.;

2° Les *bureaux régionaux des syndicats* (bureau ukrai-

DIAGRAMME DES SYNDICATS

affiliés au Comité central des syndicats de l'U.R.S.S.

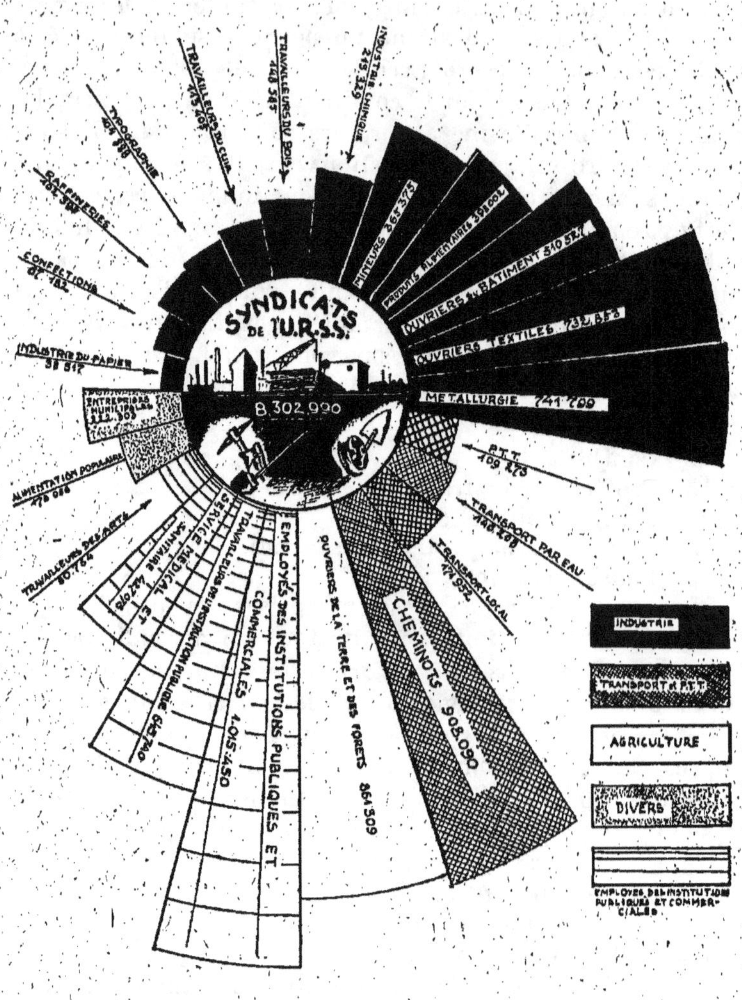

nien, bureau sibérien, bureau du Nord-Ouest, etc.) qui desservent des rayons comprenant plusieurs provinces ;

3° *Soviets ou Conseils provinciaux des syndicats*, desservant une province donnée ;

4° *Bureau d'arrondissement des syndicats*, groupant les syndicats d'un arrondissement.

Tous les travailleurs peuvent faire partie des syndicats. Ne sont pas admis les propriétaires exploitant le travail d'autrui, concessionnaires, négociants; les personnes ne vivant pas du fruit de leur travail, les employés des cultes.

Ressources des syndicats. — Les ressources des syndicats proviennent : 1° du versement du prix d'adhésion au syndicat, égal à une demi-journée de salaire; 2° des cotisations payées mensuellement et variant entre 1 et 2 % du salaire. Les comités locaux sont entretenus par les entreprises et les institutions qui leur consacrent une somme ne dépassant pas 2 % du fonds de salaire payé à tous les ouvriers et employés de l'entreprise. Les autres organismes syndicaux sont entretenus sur les ressources syndicales., suivant décision du Comité central du syndicat panunioniste, statuant sur les propositions budgétaires présentées par ces organismes syndicaux.

Le mouvement syndical est strictement centralisé. Le C. C. d'un Comité syndical ne peut prendre aucune décision qui ne soit en accord avec les résolutions du C. C. panunioniste des syndicats. Mais en même temps, il reste strictement démocratique : tous les délégués sont élus et responsables devant leurs électeurs. Le travail du Comité central panunioniste des syndicats est contrôlé par le congrès panunioniste des syndicats.

La principale force du mouvement syndical réside dans la discipline librement consentie des adhérents, dans le centralisme syndical, dans la liaison étroite et permanente des organes directeurs avec la masse des travailleurs syndiqués.

Schéma de la structure de la section provinciale du syndicat

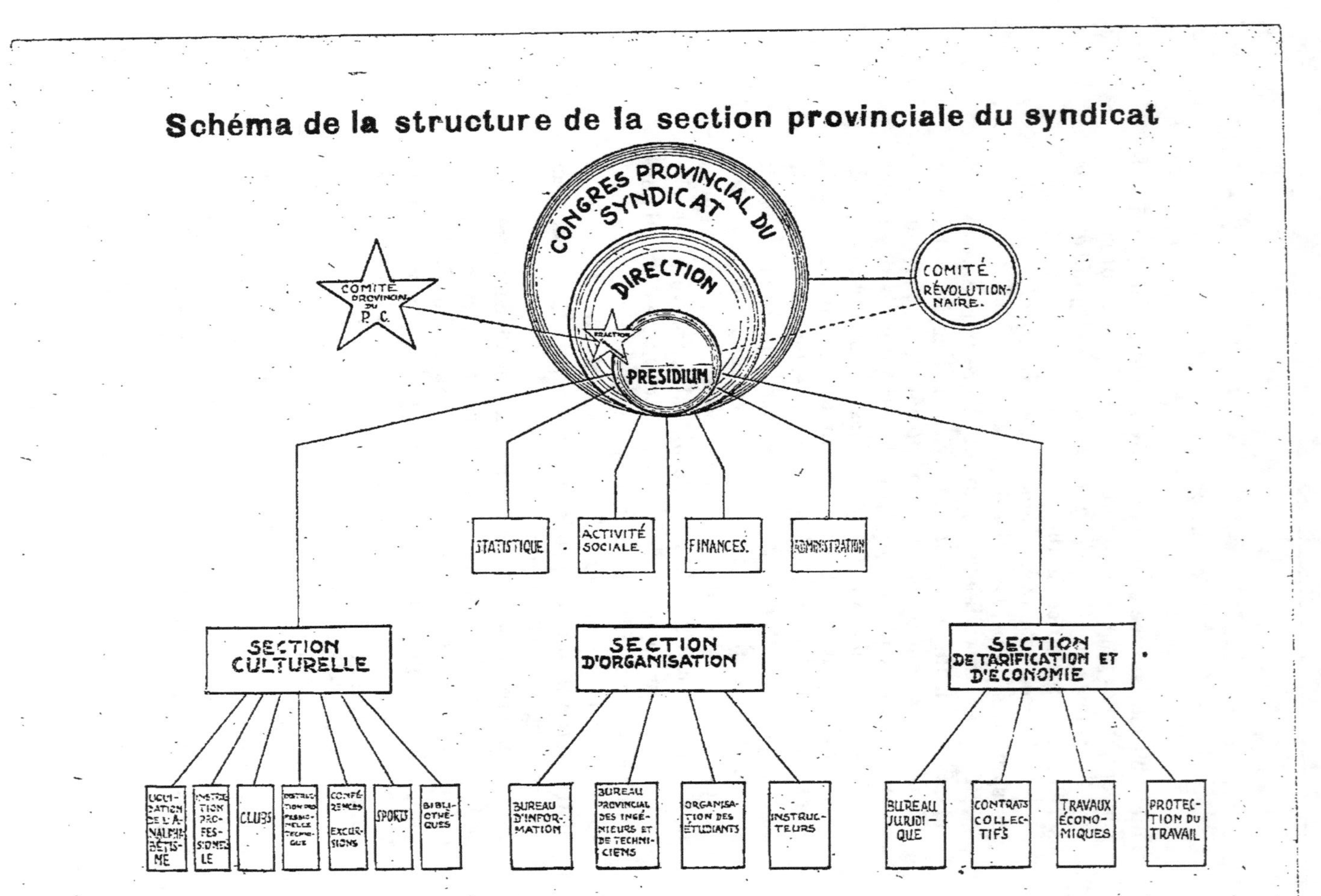

Relations entre le parti et les syndicats

Le parti communiste, en tant qu'avant-garde de la classe ouvrière, guide tout le mouvement prolétarien, unit toutes les organisations politiques et économiques pour la réalisation du but final : la lutte pour l'établissement du socialisme. La tâche la plus importante du parti communiste consiste à renforcer et à développer le rôle dirigeant du prolétariat, dans le développement ultérieur de la révolution. Le mouvement syndical est précisément redevable de beaucoup de ses succès à cette direction du parti communiste. Cependant la direction et l'influence du parti communiste, comme d'ailleurs toutes les relations entre le parti et les syndicats, ne s'exercent que par l'intermédiaire des fractions communistes correspondantes des syndicats. On peut juger du caractère des relations mutuelles entre le parti et les syndicats par les passages suivants de la résolution du quatorzième congrès du parti communiste russe :

« Les syndicats sont de larges organisations des masses ouvrières, et tout le travail syndical doit être basé sur les méthodes de persuasion et sur le développement de la plus large initiative de tous les membres groupés dans toutes les branches du travail syndical.

« Dans les syndicats doit se réaliser, dans toute sa plénitude, la saine *démocratie* ouvrière ».

Comme les congrès représentent l'organe supérieur du parti communiste, les décisions, d'après les statuts, doivent être et sont exécutées par tous les membres du parti, par les cellules, dans les usines et les institutions, il est facile de comprendre, d'après les passages de la résolution citée plus haut, qu'il ne peut être question de dictature du parti sur les syndicats.

La délégation, dans son enquête sur place, a pu cons-

Salaire mensuel moyen d'un ouvrier de Leningrad 1913-1925

(Traduit en roubles marchandise conformément à l'index budgétaire)

	1913	1914	1915	1916	1917		1918		1919		1920		1921		1922		1923		1924		1925	
					1 sem	2 sem	1 sem	2 sem	1 sem	2 sem	1 sem	2 sem	1 sem	2 sem	1 sem	2 sem	1 sem	2 sem	1 sem	2 sem	1 sem	2 sem
METALLURGISTES	43												5.34	9.02	17.31	22.06	26.26	27.50	34	38.46	38	42
OUVRIERS du BOIS	34												6.07	9.16	16.00	14.35	20.24	21.96	28	29	33	53
TEXTILE	22												4.41	8	15.45	15.89	18.36	18	23	23	23.18	25
CONFECTIONS													4.41	8.04	12.30	13.89	16.64	19.12	22	24.20	24	26
TRAVAILLEURS du CUIR	32												4.02	10.04	17.58	21.00	25.12	30.35	31.22	32	38	29
CHIMISTES	28												4.54	12	16.44	20.00	24.92	25	29.41	45	33	38
ALIMENTATION	22											12.50	13.40	15.44	17	18.34	20.00	23.41	29	33	34.44	
TABACS	22										10.05	9.29	15.44	20.44	18.44	21.44	25.44	31				
LIBRAIRIE et PAPETERIE	26										5.34	8.39	14.14	10.92	22.44	23.44	30	38				
TYPOGRAPHES	34										7.72	10.92	14.41	24.41	24	28	33	36				

Échelle: 40 — 30 — 20 — 10

Index (roubles) :

1913	1914	1915	1916	1917	1918	1919	1920	1921	1922	1923	1924	1925
35.30	37.60	38.90	35.20	55.6 / 19.7	6.33 / 4.35	4.35 / 4.19	3.18 / 2.09	3.52 / 6.69	10.24 / 16.22	20.17 / 23.45	25.10 / 31.15	33.6 / 36.22

tater cela. L'influence du parti communiste dans le mouvement syndical se développe seulement par les méthodes de persuasion et c'est simplement par leur travail et leur dévouement que les communistes gagnent la confiance de leurs camarades de travail. Nous avons vu bien des comités d'usine où les communistes étaient en minorité et où, malgré cela, tout le travail du comité d'usine était en accord avec les travaux d'autres comités à majorité communiste. Ayant demandé, dans ces derniers cas, aux ouvriers en grande majorité sans parti, comment il se faisait que le comité d'usine était en majorité communiste, leur réponse fut : « mais, s'ils sont à la tête du comité d'usine, c'est parce que nous avons confiance dans le parti communiste qui nous a délivré du régime capitaliste et nous mène vers le socialisme ». Comme exemple nous pouvons citer la grande usine métallurgique du Profintern, à Briansk, occupant 13.400 ouvriers et ouvrières, dont 11.000 sont syndiqués, 3.100 sont adhérents au parti communiste. Le comité d'usine est composé de 21 membres, dont 8 sont sans parti et 13 du parti communiste. Dans d'autres usines la majorité du Comité était sans parti. Ces camarades sans parti nous ont déclaré qu'ils sont complètement d'accord avec les directives du parti communiste, qu'ils croient en lui parce qu'il est le seul défenseur de la classe ouvrière.

La délégation a assisté entre autres, à Dniepropétrovsk à l'assemblée générale d'une usine métallurgique pour les élections au Comité d'usine et au Congrès régional des syndicats. Chacun avait le droit de proposer une candidature et les candidats étaient élus un par un et non par liste. Dans d'autres localités, nous avons assisté à d'autres élections de délégués; le principe était le même. Ce qui démontre bien que partout, dans toutes les branches d'industrie, les travailleurs sont entièrement libres de choisir leurs représentants.

Ceux qui ne peuvent pas
être membres du syndicat

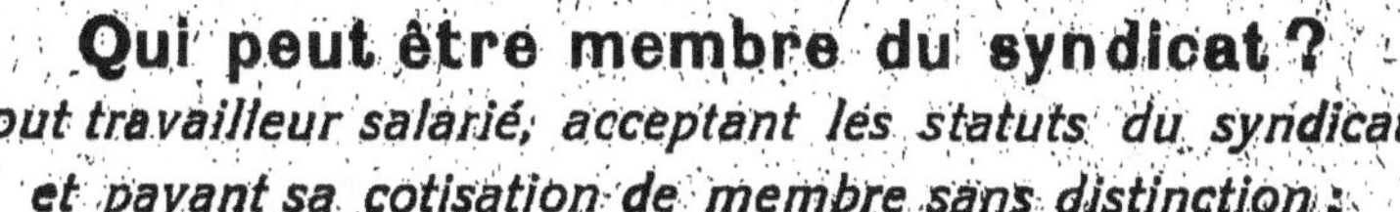

Qui peut être membre du syndicat ?

Tout travailleur salarié, acceptant les statuts du syndicat
et payant sa cotisation de membre sans distinction :

D'AGE

DE SEXE

DE RELIGION

DE NATIONALITÉ

Rapports entre les syndicats et les organes économiques et rôle des syndicats dans la vie économique du pays

L'amélioration de la situation matérielle des travailleurs est étroitement liée à l'amélioration et au développement de l'économie nationale de la République des travailleurs. La communauté des intérêts des syndicats et des organes économiques du gouvernement prolétarien a créé entre les syndicats et les organes économiques toute une série de rapports qui, dans la pratique, ont déjà eu de nombreux résultats tant au point de vue de la vie syndicale qu'au point de vue de la vie économique.

Tableau comparatif de l'augmentation des membres du parti et des syndicats

ANNÉES	NOMBRE DES COMMUNISTES EN MILLIERS	% DES COMMUNISTES DANS LES SYNDICATS	NOMBRE DES SYNDIQUES EN MILLIERS
1905	8,4	12	100
1906	13	15	200
1907			245
1917	200	7	1475
1918	PAS DE CHIFFRES		1946
1919	314	12	3706
1920	431	10	4327
1921	730	11	8453
1922	514,8	9	4546
1923	485,6	11	5228
1924	700	9	6431
1925	1025	7	7400

Objet des conflits et résultats de leur examen
Examinés par les syndicats — 1922-1925
OBJET DES CONFLITS
En % par rapport au total des conflits examinés
RÉSULTAT DE L'EXAMEN DES CONFLITS PAR LE SYNDICAT
1922 1923 1924 1925
SALAIRES
64,0 60,3 64,4 72,2
EMBAUCHAGE et CONGÉDIEMENT
29,9 32,6 29,5 20,0
VIOLATION des lois sur la PROTECTION DU TRAVAIL
2,7 2,3 2,5 4,3
DIVERS
3,4 4,8 3,6 3,5
RÉCLAMATIONS OUVRIÈRES PARTIELLEMENT SATISFAITES
PLEINEMENT SATISFAITES
NON SATISFAITES
1925.
1924.
38,7 12,7
32,4 15,5
D'APRÈS LES DONNÉES DE LA STATISTIQUE DU TRAVAIL.
COMITÉ DES SYNDICATS DE LENINGRAD

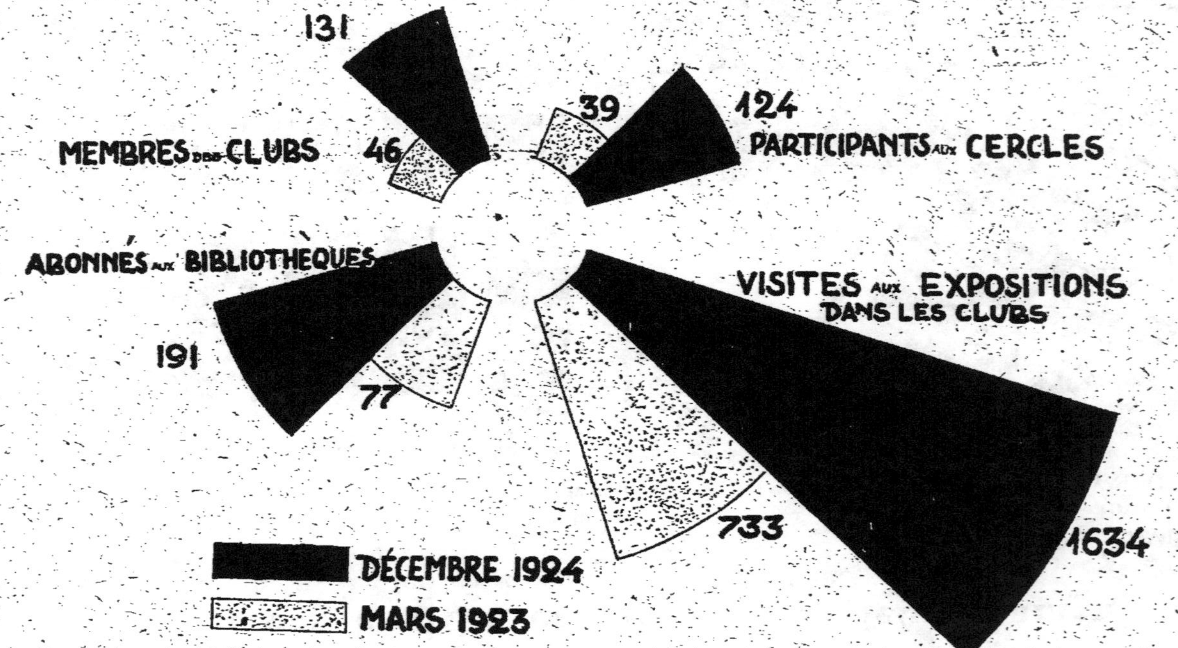

Coefficients principaux de l'activité culturelle & éducatrice des syndicats
PAR MILLIERS D'OUVRIERS SYNDIQUÉS
131
39
124
MEMBRES DES CLUBS 46
PARTICIPANTS AUX CERCLES
ABONNÉS AUX BIBLIOTHÈQUES
VISITES AUX EXPOSITIONS
DANS LES CLUBS
191
77
733
1634
DÉCEMBRE 1924
MARS 1923

Schéma de structure de la conférence de production à l'usine et de son fonctionnement

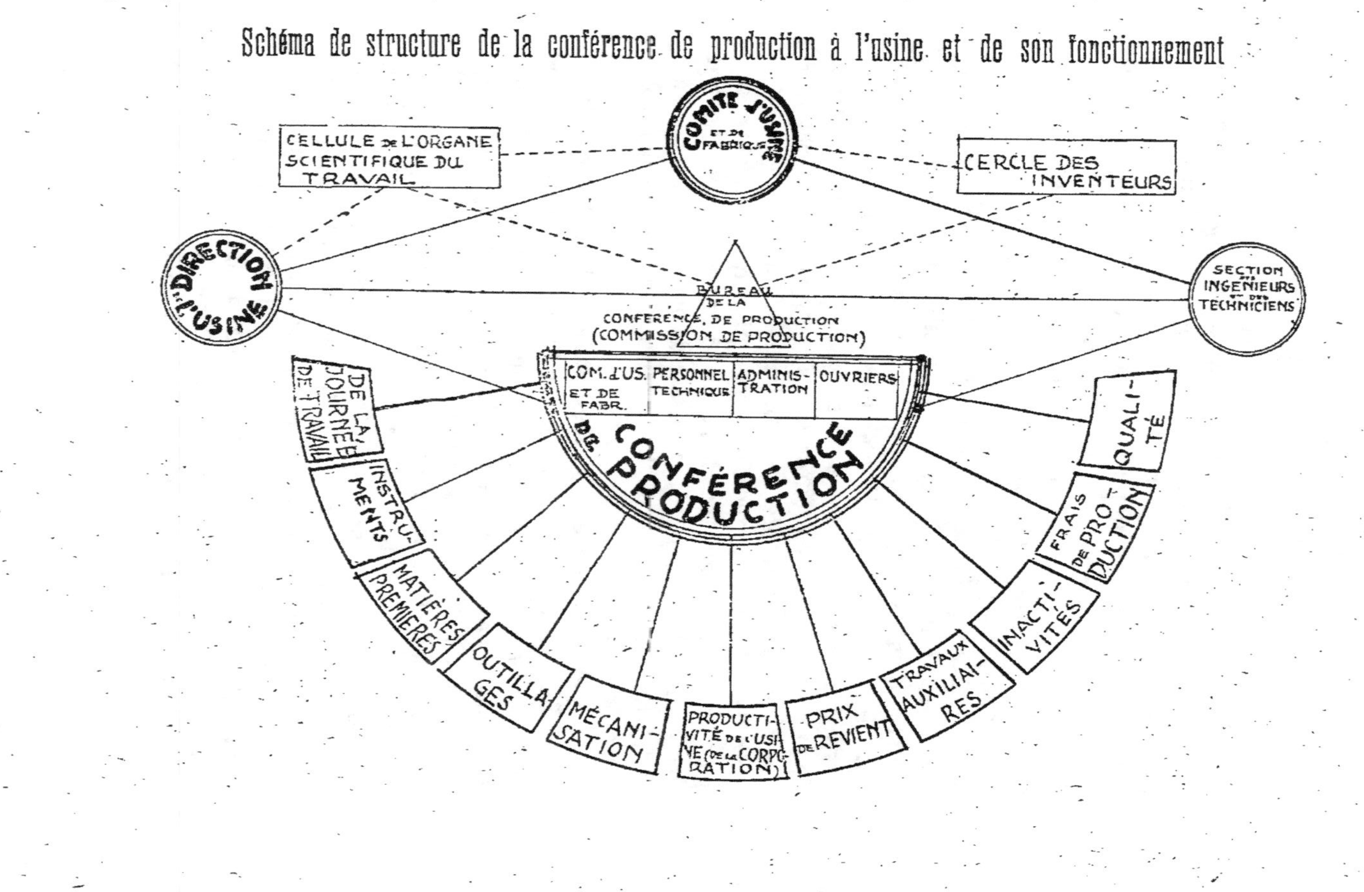

L'un des moyens les plus efficaces est la *promotion* des militants syndicaux à des postes responsables dans les entreprises et les institutions d'Etat, ce qui permet de faire entrer le plus grand nombre possible d'ouvriers dans l'appareil gouvernemental et de détruire le bureaucratisme. Dans de nombreuses usines et institutions visitées par la délégation, nous avons pu nous rendre compte comment ce principe est largement appliqué, et quels bons résultats ont été obtenus. Partout, dans les postes les plus responsables, depuis la présidence de la République jusqu'aux directeurs des usines, etc., nous avons trouvé des ouvriers qui, même d'après l'avis d'éléments non ouvriers et sans parti, remplissent leurs fonctions avec plus de capacité et de succès que leurs prédécesseurs bourgeois. Cela est confirmé par les résultats déjà obtenus. L'autre moyen consiste dans les conférences de production qui sont devenues particulièrement actives dans ces derniers temps. Le but des conférences de production est de mettre en relief l'activité des ouvriers et de les mettre à même de contrôler les entreprises.

A ces conférences assistent les ouvriers, les représentants de l'entreprise et les spécialistes. A l'ordre du jour sont portées les questions de l'amélioration de la production dans une entreprise donnée, celles de discipline, de rationalisation de la production, de la qualité de la production, le régime de l'économie et des conditions de travail des ouvriers de cette entreprise. Les ouvriers eux-mêmes suggèrent 80 % des propositions discutées dans ces conférences. On prend note de toutes ces suggestions, qui sont discutées. Quand elles sont acceptées, elles sont mises en application dans le plus bref délai suivant les possibilités d'exécution. Il y a donc intérêt pour tous les travailleurs à assister à ces conférences et d'y apporter leurs idées et c'est ce qui permet de faire connaître les camarades ayant

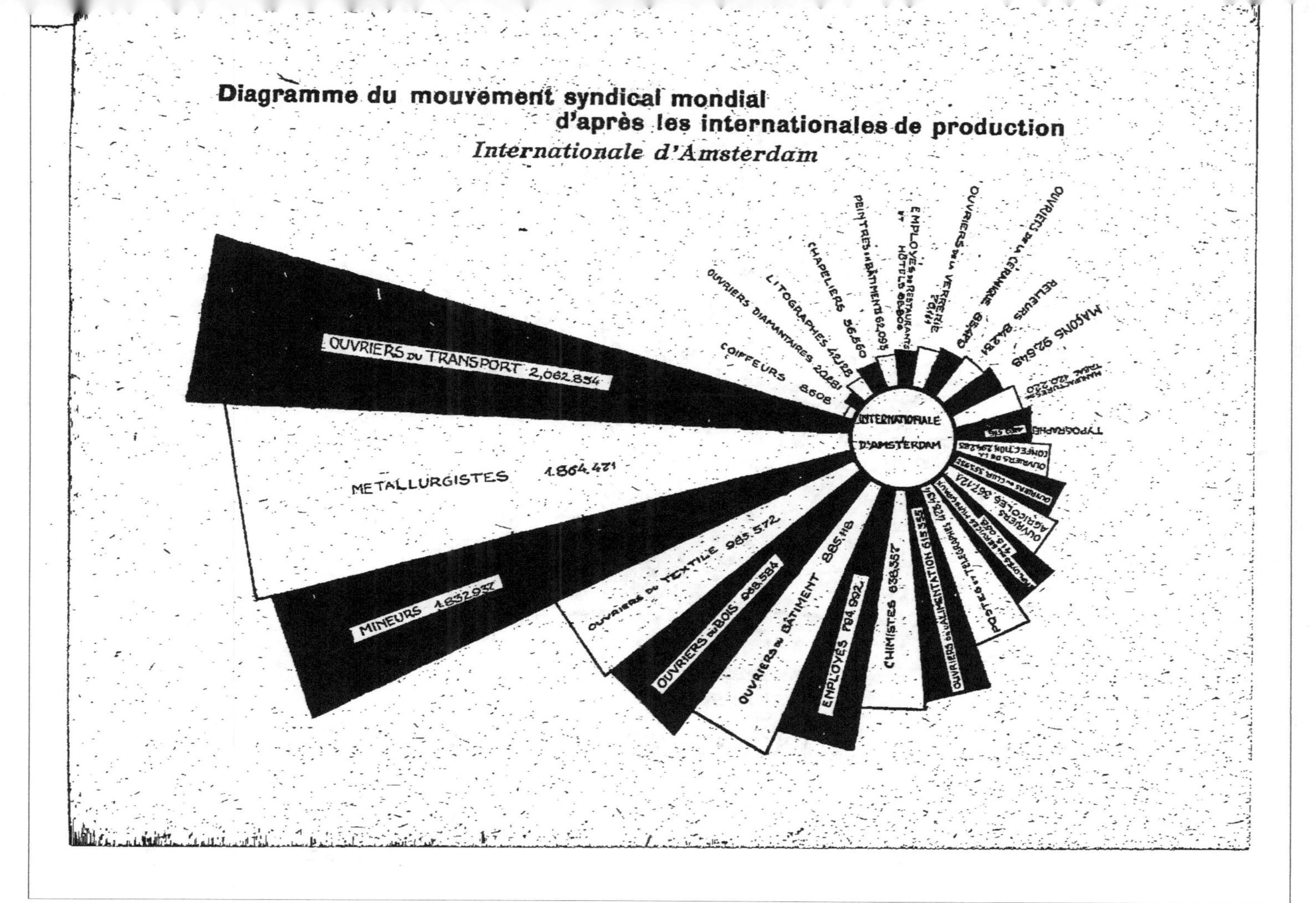

Diagramme du mouvement syndical mondial
d'après les internationales de production
Internationale d'Amsterdam
INTERNATIONALE D'AMSTERDAM
OUVRIERS DU TRANSPORT 2,062.854
METALLURGISTES 1.864.471
MINEURS 1.832.937
OUVRIERS DU TEXTILE 985.572
OUVRIERS DU BOIS 848.584
OUVRIERS DU BÂTIMENT 885.118
EMPLOYÉS 784.992
CHIMISTES 638.357
OUVRIERS DE L'ALIMENTATION 615.355
POSTES ET TÉLÉGRAPHES 473.134
POSTES ET SERVICE INTERURBAINS 418.068
OUVRIERS AGRICOLES 367.124
OUVRIERS DU CUIR 335.235
OUVRIERS DE LA CONFECTION 294.285
TYPOGRAPHES 405.515
MANUFACTURES TABAC 120.220
MAÇONS 92.649
RELIEURS 84.231
OUVRIERS DE LA CÉRAMIQUE 85.490
OUVRIERS DE LA VERRERIE 70.111
EMPLOYÉS DE RESTAURANTS ET HÔTELS 86.906
PEINTRES EN BÂTIMENT 62.093
CHAPELIERS 36.660
LITOGRAPHES 42.128
OUVRIERS DIAMANTAIRES 20.181
COIFFEURS 8608

ÉDUCATION SYNDICALE AU CLUB

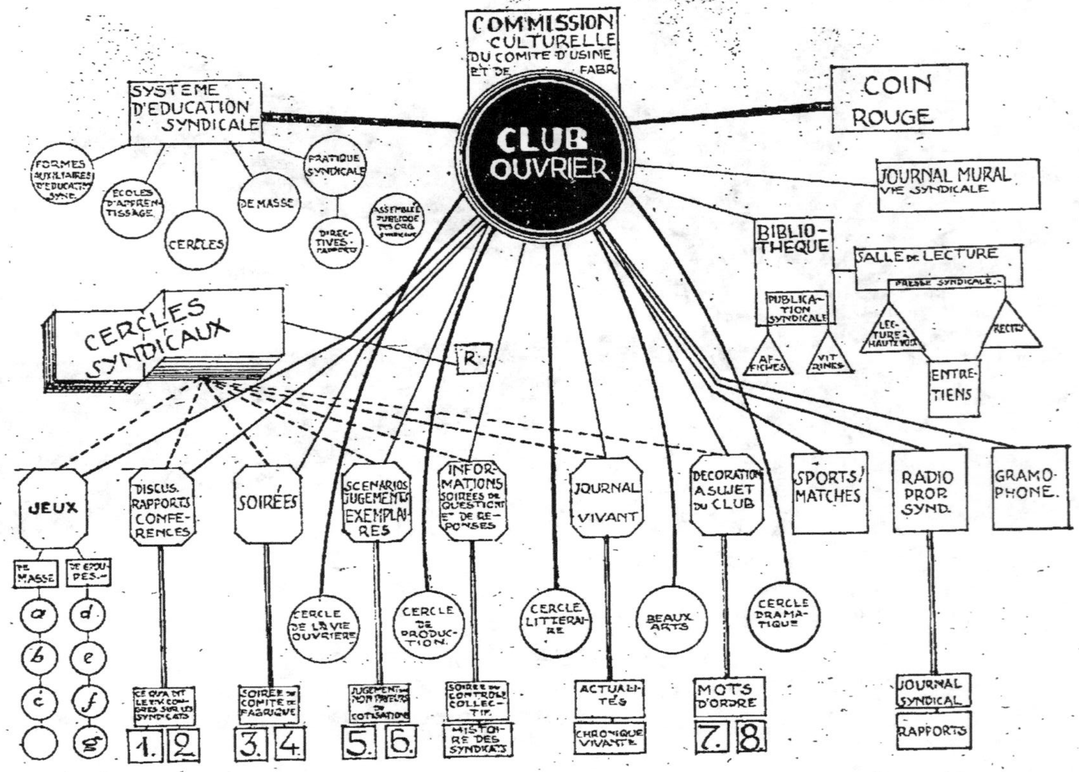

CLUB OUVRIER

COMMISSION CULTURELLE DU COMITÉ D'USINE ET DE FABR.

SYSTÈME D'ÉDUCATION SYNDICALE
- FORMES AUXILIAIRES D'ÉDUCATION SYND.
- ÉCOLES D'APPRENTISSAGE
- CERCLES
- DE MASSE
- PRATIQUE SYNDICALE
- DIRECTIVES RAPPORTS
- ASSEMBLÉE PUBLIQUE DES ORG. SYNDICALE

COIN ROUGE

JOURNAL MURAL — VIE SYNDICALE

BIBLIOTHÈQUE
- PUBLICATION SYNDICALE
  - AFFICHES
  - VITRINES

SALLE DE LECTURE
- PRESSE SYNDICALE
  - LECTURE À HAUTE VOIX
  - RÉCITS
  - ENTRETIENS

CERCLES SYNDICAUX

R

JEUX
- DE MASSE
- DE ÉQUIPES
  - a b c
  - d e f g

DISCUS. RAPPORTS CONFÉRENCES

SOIRÉES

SCÉNARIOS JUGEMENTS EXEMPLAIRES

INFORMATIONS SOIRÉES DE QUESTIONS ET DE RÉPONSES

JOURNAL VIVANT

DÉCORATION A SUJET DU CLUB

SPORTS/ MATCHES

RADIO PROP SYND.

GRAMOPHONE.

CERCLE DE LA VIE OUVRIÈRE

CERCLE DE PRODUCTION

CERCLE LITTÉRAIRE

BEAUX ARTS

CERCLE DRAMATIQUE

CE QU'A DIT LE Xe CONGRÈS SUR LES SYNDICATS — 1. 2.

SOIRÉE DU COMITÉ DE FABRIQUE — 3. 4.

JUGEMENT DES NON PAYEURS DE COTISATIONS — 5. 6.

SOIRÉE DU CONTRÔLE COLLECTIF — HISTOIRE DES SYNDICATS

ACTUALITÉS — CHRONIQUE VIVANTE

MOTS D'ORDRE — 7. 8.

JOURNAL SYNDICAL — RAPPORTS

une valeur au point de vue organisation, au point de vue technique et autres.

La délégation a été frappée par le rôle actif et l'intérêt que prennent les travailleurs pour améliorer l'organisation

Schéma de la structure des comités d'usine et de fabrique et des comités locaux

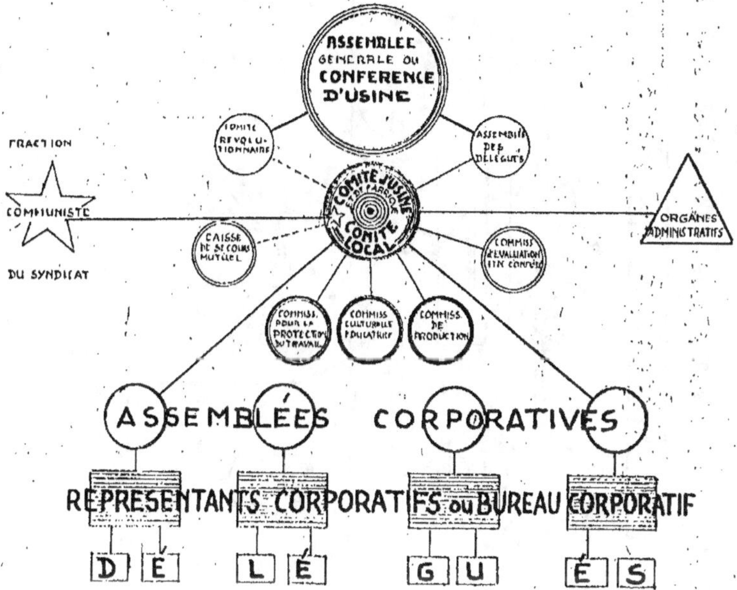

et modifier les méthodes de travail, afin d'obtenir un meilleur rendement dans la production.

Elle a pu constater dans les usines qu'elle a visité les modifications apportées à la suite de ces conférences. Nous citerons comme exemples, parmi tant d'autres que sur le réseau de chemin de fer de Moscou à Koursk, 1700 propositions ont été après études mises en application et d'autres retenues sur 9.222 présentées par les ouvriers.

Schéma de l'organisation de l'I. S. R.

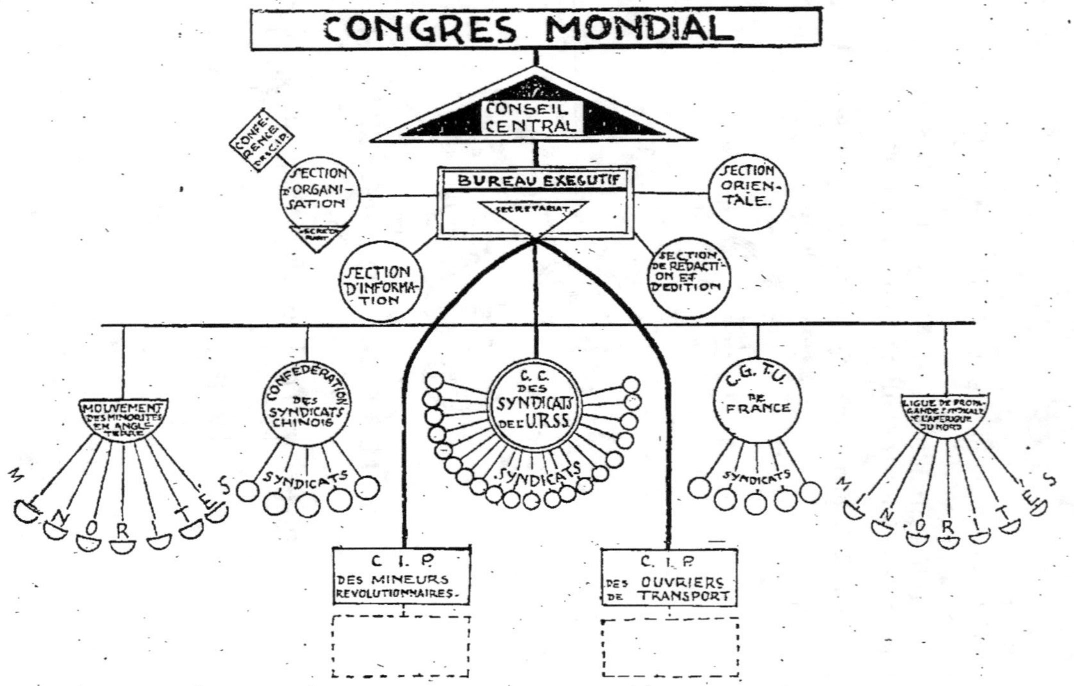

STRUCTURE DES SYNDICATS DE L'U. R. S. S.

DANS LE SENS VERTICAL

ET HORIZONTAL

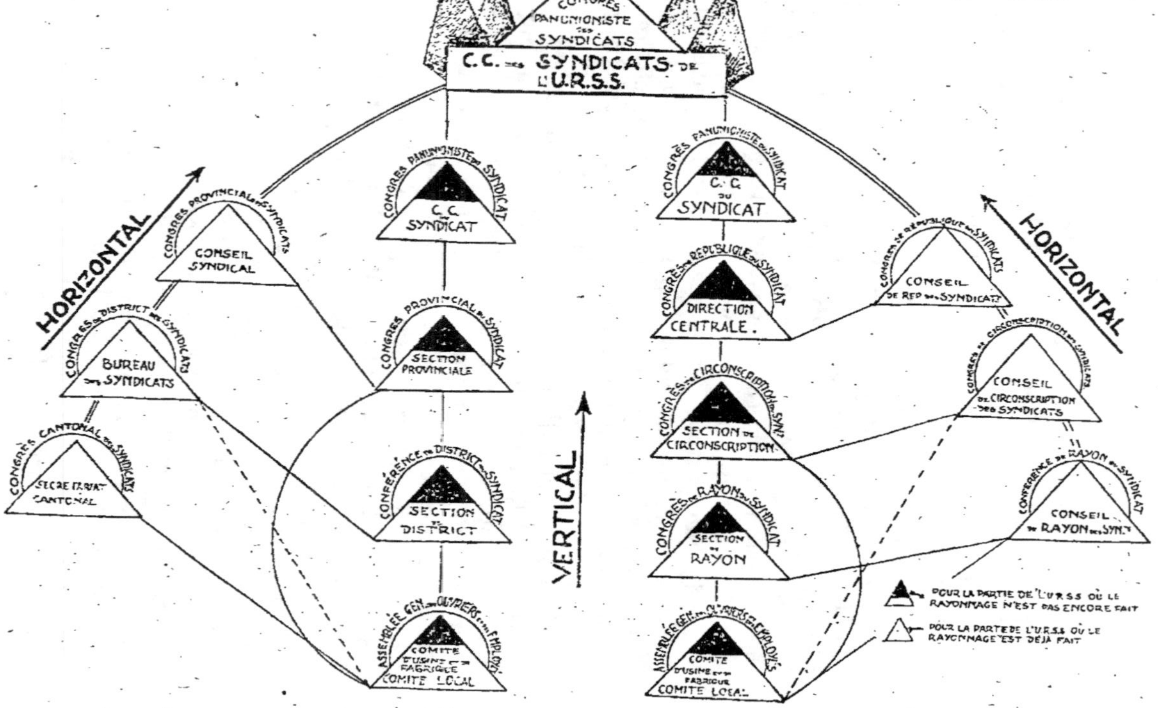

A Dniepropetrovsk aux hauts fourneaux de l'usine Pétrovsky, la production actuelle est de 40 0/0 plus forte qu'avant la révolution et ceci avec 4 fours au lieu de 5 grâce à ces conférences et à l'activité des travailleurs de l'usine.

Sur le réseau de chemin de fer de Kief, l'exercice 1925-26, a démontré que le chiffre de la production a été avec 11.000 ouvriers 30 % plus fort que dans l'exercice 1924-25, époque pendant laquelle travaillaient 13.000 ouvriers.

Les bénéfices réalisés sur ce réseau ont été pour 1925-26, de 300.000 roubles. Nous pouvons dire que ces cas ne sont pas isolés et que nous avons été à même de nous rendre compte que partout les ouvriers travaillent avec la même ardeur et la même volonté parce qu'ils voient que leurs suggestions sont prises en considération et appliquées dans l'intérêt de la révolution et pour le bien-être de tous.

Il existe des commissions de révision des entreprises qui sont tenues de surveiller l'exécution exacte des propositions adoptées comme nous l'avons indiqué plus haut. Les conférences servent à mettre en relief les ouvriers qui peuvent être promus à des postes responsables. D'après les données de Léningrad, les conférences de production en 1925 ont ainsi signalé pour un travail économique supérieur 2.646 ouvriers, dont 411 femmes ; des ouvriers deviennent directeurs et adjoints de l'usine. Ainsi ces conférences de production appellent d'un côté l'attention de l'administration sur les conditions du travail des ouvriers et rapprochent les ouvriers et les spécialistes et d'autre part, excitent l'activité des millions d'ouvriers et en font des participants énergiques et conscients de la vie économique de la République Socialiste.

En outre, la participation des ouvriers dans la vie économique s'exprime par de nombreuses délégations et par la participation des syndicats dans les organes économiques. Les représentants des organisations syndicales participent aux commissions économiques, aux Conseils de

ÉCHELLE ET CATÉGORIE DES SALAIRES

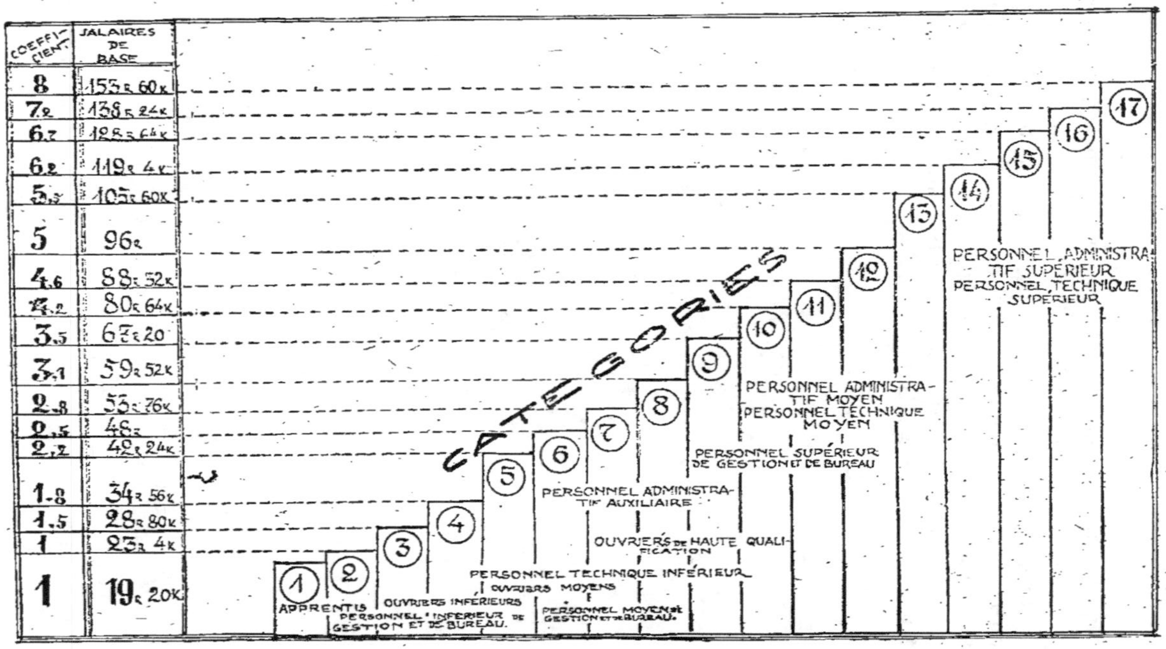

COEFFICIENT	SALAIRES DE BASE
8	153 r 60 k
7,2	138 r 24 k
6,7	128 r 64 k
6,2	119 r 4 k
5,5	105 r 60 k
5	96 r
4,6	88 r 52 k
4,2	80 r 64 k
3,5	67 r 20
3,1	59 r 52 k
2,8	53 r 76 k
2,5	48 r
2,2	42 r 24 k
1,8	34 r 56 k
1,5	28 r 80 k
1	23 r 4 k
1	19 r 20 k

l'Economie nationale, aux Conseils financiers et en général, aux organes dirigeantes d'Etat.

Hors de tout cela les dirigeants et les directions des entreprises industrielles d'Etat font périodiquement aux assemblées des ouvriers et des employés des rapports sur la marche des entreprises et aussi sur la situation industrielle, financière et commerciale.

Organisation économique et financière de l'U. R. S. S.

Les bases et les principes fondamentaux de la vie économique de l'U.R.S.S., comme ceux de la vie culturelle et politique, sont établis par l'organe suprême du pouvoir

BAKOU. - *Puits de pétrole et pipe-line*

dans l'U.R.S.S. : le Congrès des Soviets de l'U.R.S.S. auquel sont présentés des rapports sur l'activité de tous les Commissariats.

Près du Conseil des Commissaires du Peuple, en qualité d'organe exécutif fonctionne le Conseil du Travail et de la Défense. Ce conseil est l'instance économique suprême de l'U.R.S.S.

Il s'occupe de diriger l'activité des divers Commissariats et l'industrie lui est subordonnée. L'une de ses tâches fondamentales est la réalisation du plan économique et financier de l'U.R.S.S. Pour l'élaboration du plan économique, se trouve près du Conseil du Travail et de la Défense, la Commission du Plan d'Etat (Gosplan). Aucune question économique ne se réalise dans les organes dirigeants de la République à l'insu de la Commission du Plan, laquelle coordonne les questions industrielles avec les finances, les transports et le plan unique de l'économie socialiste.

En ce qui concerne la rédaction d'un budget systématique pour tout l'Etat, une commission administrative financière existe près du Conseil du Travail et de la Défense. Les divers Commissariats du Peuple administrent les branches particulières de la vie économique et financière. Les représentants du Conseil central panunioniste des syndicats et des comités centraux des syndicats prennent une part active dans les discussions des questions financières et économiques fondamentales, dans le Conseil du Travail et de la Défense, dans la Commission du Plan d'Etat et dans les autres institutions économiques et financières.

Commerce et coopération

Dans sa politique commerciale le pouvoir soviétique s'efforce de réaliser un des problèmes fondamentaux du léninisme : le rapprochement du prolétariat et de la paysannerie. C'est pourquoi la coopération est le canal principal par lequel s'opère la circulation des marchandises dans le pays. Les paysans sont unis en coopératives de production, en collectivités agricoles et industrielles et ainsi la coopération fait pénétrer les principes collectifs dans l'exploitation paysanne ouvrière.

D'un autre côté, en mettant en contact la masse paysanne des consommateurs avec le prolétariat industriel, la coopération est incontestablement le meilleur instrument de rapprochement de la paysannerie et du prolétariat et la voie la plus courte vers le socialisme. Le commerce coopératif s'accroît d'année en année dans l'U.R.S.S. Le chiffre d'affaires global pour l'exercice 1926-27 doit atteindre 9 milliards 7 cents millions de roubles, soit une augmentation de 31 % par rapport à l'année dernière. Tous les syndicats travaillent activement à la coopération des masses ouvrières et paysannes. Par exemple, les coopératives du transport groupent cette année 75 % des ouvriers du transport et leur chiffre d'affaires pour les 9 derniers mois présente une augmentation de 70 % par rapport à l'année dernière.

L'une des bases fondamentales de l'économie nationale de l'U.R.S.S. est le monopole du commerce extérieur qui protège les Républiques Unies contre l'exploitation de la part des Etats plus forts et les empêche de se transformer en colonies du capitalisme. Il permet de subordonner le commerce extérieur au plan économique général de la vie du pays.

La production globale de l'agriculture a passé de 66, 8 % du niveau d'avant-guerre pendant l'exercice 1922-23 à 88, 1 % pendant l'exercice 1925-26. Toujours par rapport au niveau d'avant-guerre la production globale de l'industrie a augmenté de 34, 7 % en 1922-23 à 95 0/0 en 1925-26. En chiffres absolus, la production globale de l'agriculture, qui atteignait en 1922-23 la somme de 7, 8 milliards de roubles d'avant-guerre, s'est élevée à 10, 3 milliards pour l'exercice 1925-26. On constate donc pour cette période une augmentation de 32 %. Si nous prenons maintenant la production totale de l'industrie, nous obtenons les chiffres suivants : elle atteignait en 1922-23 la somme de 1.949.000.000 de roubles d'avant-guerre et en 1925-26 la somme de 5.215.000.000 de roubles d'avant-guerre. En d'autres termes on constate pour ce laps de temps une augmentation dans l'industrie de 274 %.

Le chiffre moyen des ouvriers était pendant l'exercice 1921-22 de 1.243.000. En juin 1925 ce chiffre s'élevait à 1.550.000 (nous voulons parler naturellement des ouvriers industriels). Enfin, au 1er juin 1926, nous trouvons 1.898.000 ouvriers, soit dans l'espace d'une année, de juin 1925 à juin 1926, un accroissement du prolétariat industriel, avant-garde de tout le prolétariat, de plus de 300.000 travailleurs.

La somme totale des salaires, les revenus du prolétariat, formaient en 1922-23 20 % de la somme totale du revenu national. En 1924-25 les salaires constituent déjà 28, 1 % du total du revenu national de l'U.R.S.S. Pendant un laps de temps relativement court la part respective du prolétariat a passé de 20 % à 28, 1 %.

Résultats financiers de la gestion des chemins de fer de l'U. R. S. S.
pour les exercices 1923-24, 1924-25, 1925-26 (1)

		1924-25 Rapport	1925-26 Budget avec retouches
Revenus du ch. de f. en millions de roubles	668.	938.7	1.447.6
Augmentation en %	100.0	140.5	216.7
Dépenses générales du ch. de f.	698.8	876.9	1.327.8
Augmentation en %	100.	125.2	190.9
Dépenses pour l'exploitation	659.4	805.8	1.139·3
Augmentation en %	100.0	122.2	172.8
Dépenses pour le fonds des salaires	287.9	394.6	586.6
Augmentation en %	100.0	137.1	203.7

(1) L'année commence le 1er Octobre et se termine le 30 septembre.

Finances

Le budget d'Etat vise essentiellement à remplacer les ressources fiscales par les revenus de la production. La politique fiscale s'efforce de remplacer ultérieurement et progressivement les ressources provenant des impôts prélevés sur les travailleurs par les ressources fournies par les entreprises d'Etat, et les impôts sur les éléments non travailleurs. Sous le tsarisme, avant la guerre, le montant des impôts par tête s'élevait à 12 roubles, si l'on calcule en roubles d'avant-guerre, la moyenne payée actuellement par tête, on trouve environ 5 roubles.

Les impôts payés par les travailleurs le sont par ceux gagnant plus de 100 roubles par mois. Tant qu'aux ouvriers et employés d'Etat, les impôts s'élèvent progressivement suivant leur salaire au-dessus de 100 roubles. Les éléments non travailleurs payent des impôts progressifs dans une proportion qui prend la plus grande part de leurs revenus.

Dans le domaine du système monétaire, malgré les conditions pénibles du rétablissement économique du pays après la guerre, le pouvoir soviétique a réussi à consolider et à stabiliser la circulation monétaire dans le pays.

La condition fondamentale de l'édification socialiste est l'industrialisation du pays et de la production, au développement desquels le parti communiste et le pouvoir soviétique consacrent toute leur attention. La valeur globale de la production de l'industrie était évaluée en 1923-24 à 3.414.000.000 roubles, en 1924-25 à 5.045.000.000 roubles, en 1925-26 à 6.923.000.000 roubles, *en 1926-27 à 7.855.000.000 roubles, niveau d'avant-guerre.*

L'industrie d'Etat en 1924-25 fabriquait 72 % de la production générale et en 1925-26, 80 %. L'industrie privée (concession) 3 % et la petite industrie, l'artisanat le reste. Les chiffres suivants nous montrent l'accroissement des éléments socialistes dans le domaine du commerce. En 1924, dans le commerce en gros, l'Etat et les coopératives faisaient 78 % en 1925, 90 % du commerce total; dans le commerce en détail, la part des commerçants privés s'est abaissée de 41 % en 1923 à 24 % en 1926.

La structure socialiste de l'U.R.S.S. se précise donc progressivement dans l'industrie et dans le commerce.

En lisant les lignes ci-dessus, on peut se rendre compte que d'une part l'impôt payé par tête s'est abaissé de plus de la moitié, et que d'autre part la monnaie russe est stabilisée. Cela malgré le blocus exercé par les gouvernements capitalistes autour de la Russie.

Si l'on compare la circulation monétaire de la France victorieuse à celle de la Russie soviétique, l'on s'aperçoit qu'en France l'on ne trouve presque plus aucune pièce d'argent, ni d'or, tandis qu'en Russie la circulation des monnaies d'argent est courante, que la monnaie d'or déjà frappée va entrer incessamment en circulation.

Protection du travail - Journée de travail

Avant la révolution les réclamations des ouvriers relatives à la protection du travail n'étaient pas écoutées. De même le gouvernement menchevik des socialistes révolutionnaires qui arriva au pouvoir après la révolution de février, ne fit rien pour la protection du travail des ouvriers. Seuls les bolcheviks mirent immédiatement en vigueur la législation du travail après la révolution d'Octobre.

En général dans les Etats bourgeois, les lois sur la protection du travail concernent seulement les ouvriers travaillant dans les entreprises rattachées à l'Etat, tous ceux qui travaillent dans les ateliers privés, les artisans, les employés de bureau, les employés de commerce, etc., sont exclus de la sollicitude de l'Etat. Mais dans l'U.R.S.S. les lois sur la protection du travail s'étendent à tous les salariés sans exception, quelle que soit la catégorie de leur travail. En outre ces lois sont obligatoires pour tous les entrepreneurs, que ce soit l'Etat ou les particuliers.

Le code des lois du travail en vigueur dans l'U.R.S.S. édicte seulement le minimum des garanties pour les travailleurs.

Embauchage. — La personne cherchant du travail peut s'inscrire à la Bourse locale du travail ou aux bureaux de placement. *(Les services de la Bourse et des bureaux sont gratuits; les bureaux de placement privés sont interdits).* L'employeur s'adresse à la bourse ou aux bureaux pour trouver de la main d'œuvre. Il peut engager des ouvriers qualifiés en dehors de la bourse mais il doit faire enregistrer l'engagement.

Contrats collectifs. — Pour obtenir des conditions analogues de travail, les syndicats concluent des contrats généraux et locaux qui s'étendent à tous les ouvriers et ouvrières travaillant dans une branche ou une entreprise donnée. Les contrats collectifs sont conclus pour une durée d'un an.

Le contrat de travail peut être conclu indépendamment du nombre des ouvriers et pour une durée inférieure à un an, mais il ne doit pas aggraver les conditions minimum

BAKOU. - *Le Palais du Travail*.

de la protection du travail. L'employeur peut congédier le travailleur, soit pour des raisons économiques sérieuses, soit pour incapacité, mais il doit l'avertir deux semaines à l'avance ou lui payer le salaire de deux semaines. Quant à l'ouvrier il doit avertir l'employeur de son départ une semaine à l'avance. La *rémunération du travail* est fixée par le contrat collectif et ne peut être inférieure au minimum de salaire officiellement fixé pour la localité donnée.

Journée de travail. — La journée de travail de 8 heures est la conquête sacrée de la classe ouvrière de l'U.R.S.S. Pour les travailleurs intellectuels, la journée de travail est de 6 heures, à moins qu'ils ne soient employés dans la production. Pour les adolescents et les travailleurs du sous-sol la journée de travail est aussi de 6 heures. Dans le travail nocturne la durée du travail est réduite d'une heure. Les travaux supplémentaires ne sont autorisés que par décision particulière de l'inspecteur du travail dans les travaux nécessaires pour remédier à une calamité ou à des dangers publics. Le repos hebdomadaire est de 42 heures. Chaque ouvrier jouit une fois par an d'un congé payé de deux semaines. Les personnes au-dessous de 18 ans et celles qui travaillent dans les industries nuisibles ou nocives ont droit à un mois de congé. (Dans la plupart des pays bourgeois les ouvriers ne jouissent de congés qu'en nombre très restreints et après une longue période de travail.

Protection du travail des adolescents. — La législation de l'U.R.S.S. défend d'engager des adolescents au-dessous de 16 ans. Les adolescents âgés de 16 à 18 ans travaillent 6 heures mais reçoivent le salaire pour une journée complète d'apprentis. Ils ne sont admis ni aux travaux nocturnes, ni aux travaux supplémentaires, ni aux travaux du sous-sol, ni dans un certain nombre d'industries nocives.

Les adolescents sont soumis obligatoirement chaque année à un examen médical. En cas de réduction du personnel, ils ne sont congédiés qu'en cas d'extrême nécessité et leur nombre ne doit pas être inférieur à un certain pourcentage fixé pour chaque industrie. Avant la révolution les adolescents travaillaient 10 heures et plus par jour.

La protection sanitaire et technique du travail est beaucoup plus étendue dans l'U.R.S.S. que dans les pays bourgeois. Dans les industries nocives, outre la réduction de la journée de travail les ouvriers reçoivent des habits spéciaux, des aliments supplémentaires, lait et graisses alimentaires, du savon, etc... Sous la surveillance des organes de la protection du travail, les administrations réalisent des améliorations pour l'assainissement du travail et instituent une visite médicale régulière des ouvriers.

Organes de surveillance. — La surveillance de l'observation des prescriptions relatives à la protection du travail est assurée par les inspecteurs du travail, élus par les ouvriers eux-mêmes. Sur 1.113 inspecteurs du travail en 1925 on comptait 75 % d'ouvriers. Pour établir un lien étroit avec les ouvriers, les inspecteurs du travail ne se bornent pas à opérer personnellement des enquêtes, mais reçoivent chez eux deux fois la semaine les plaintes des ouvriers.

L'inspection de la protection du travail est organisée dans l'U.R.S.S. d'une façon large et exemplaire. On ne trouve rien de semblable dans les autres pays et elle a souvent attiré l'attention des délégations ouvrières étrangères.

Nous nous sommes attachés particulièrement à cette question dans les grands centres où nous sommes passés : Kharkov, Rostov, Tiflis, Bakou, etc., et partout nous avons constaté son application. Nulle part nous n'avons trouvé d'infraction à cette législature et ce qui nous a surtout frappé, c'est la connaissance parfaite par l'ouvrier des avantages acquis depuis la révolution.

L'assurance sociale et l'assistance sociale

Assurance sociale. — L'assurance sociale avant la révolution ne concernait que quelques catégories d'ouvriers et le gouvernement s'efforçait par tous les moyens d'augmenter l'influence des patrons dans les caisses d'assurance (qui formaient les organisations inférieures de l'assurance sociale). Après la révolution de Février, le gouvernement menchéviste n'apporta que des additions insignifiantes aux lois tsaristes, mais le pouvoir soviétique changea radicalement les systèmes d'assurance sociale.

La législation soviétique étend l'assurance sociale à tous les salariés quel que soit le lieu et la durée de leur service et quelle que soit la forme de rétribution de leur travail (par jour ou à la tâche). Les versements à la caisse d'assurance sont opérés par l'entrepreneur, qui est passible de poursuites devant les tribunaux au cas où il ne les acquitte pas. L'entrepreneur n'a pas le droit de participer à la gestion des caisses d'assurance. Les caisses d'assurance accordent toutes sortes de secours à l'ouvrier lorsqu'il est frappé par un malheur. Les caisses d'assurance sont administrées par les assurés eux-mêmes. Elles sont dirigées par un comité élu par les organes syndicaux. L'assurance sociale comprend les diverses sortes de secours suivants : distribution d'allocation en cas de perte temporaire de la capacité de travail (maladie, mutilation, quarantaine, grossesses, couches, soins à un membre de la famille malade), distribution de secours pour l'enterrement de parents, secours en cas de chômage, d'invalidité, etc...

Les personnes assurées ainsi que leurs familles jouissent du secours médical gratuit à la maison et dans les ambulances, reçoivent gratuitement les remèdes et autres fournitures médicales.

L'assurance sociale est étendue à tous les travailleurs. L'assurance sociale revêt les formes suivantes :

1) Assurance pour inaptitude provisoire au travail.
2) Assurance pour invalidité.
3) Assurance en cas de chômage.
4) Diverses sortes complémentaires d'assurance.

Les allocations en cas d'inaptitude provisoire au travail sont calculées de façon à compenser complètement le salaire perdu par suite de maladie ou accident. Lorsque au bout de 4 mois de maladie ou d'accident l'aptitude au travail n'a pas été recouvrée, conformément à la constatation de la commission médicale de contrôle, l'ouvrier assuré est envoyé à l'expertise médicale, qui détermine le degré de la perte de l'aptitude au travail et le groupe correspondant d'invalidité.

L'assurance sociale comprend 6 groupes d'invalides.

Premier groupe : Invalides ayant perdu complètement l'aptitude au travail et étant même à la charge de personnes étrangères.

Deuxième groupe : Invalides ayant perdu complètement l'aptitude au travail, mais n'exigeant pas de soins étrangers.

Troisième groupe : Invalides forcés de renoncer à leur profession ordinaire et incapables en général de tout travail professionnel régulier et ne pouvant gagner leur vie que par des travaux fortuits, temporaires et légers.

Quatrième, cinquième et sixième groupes : Invalides ayant perdu provisoirement l'aptitude au travail, mais dont la maladie ou la blessure peut être guérie.

Le taux des compensations pour invalidité est fixé d'après le salaire réel de l'ouvrier assuré pendant les trois derniers mois avant les faits qui ont entraîné l'invalidité.

Premier groupe, 2/3 du salaire réel ou pension complète.

Deuxième groupe, 2/3 de la pension complète.

Quatrième, cinquième et sixième groupe, allocation comme chômeur.

On peut voir d'après le tableau suivant le taux absolu des pensions pour les différentes professions et groupes d'invalides. (Le rouble a à peu près reconquis sa valeur d'avant-guerre et il valait alors 2 fr. 65).

Dénomination des professions	Premier groupe	Deuxième groupe	Troisième groupe
Mécaniciens	93,48	62,32	46,74
Chauffeurs	57,53	38,35	28,77
Mécaniciens-ajusteurs	56,60	37,73	28,30
Employés de bureaux	32,55	21,70	16,28

Les familles qui ont perdu leur soutien reçoivent la pension suivante :

1) Familles de trois membres et plus : 2/3 de la pension complète.

2) Familles de deux membres : une 1/2 de la pension complète.

3) Un seul membre de famille : un 1/4 de la pension complète.

Les personnes mutilées ou ayant perdu toute aptitude au travail par suite d'empoisonnement professionnel reçoivent une pension égale à leur salaire réel.

Les personnes devenues invalides dans la période de 1918 à 1924, c'est-à-dire avant l'introduction de la loi actuellement en vigueur sur la manière d'évaluer la pension, reçoivent une pension d'après le salaire réel de la qualification correspondante aux mois de juillet-août-septembre 1925.

Assurance contre le chômage. — En avril 1925, les normes de secours ont été fixées comme il suit:

Pour le premier groupe, c'est-à-dire pour les ouvriers qualifiés : 30 %, pour le deuxième groupe, c'est-à-dire pour les travailleurs intellectuels : 20 % du salaire moyen de la zone donnée; soit en roubles pour Moscou :

Premier groupe : 22 roubles 50.

Deuxième groupe : 15 roubles.

Un certain nombre de caisses ajoutent des suppléments spéciaux pour les familles nombreuses. Ces suppléments peuvent atteindre 20 % de l'allocation fondamentale.

Parmi les espèces complémentaires d'allocation il faut citer :

a) Pour la naissance d'un enfant : la moitié du salaire moyen de la zone donnée.

b) Pour l'allaitement de l'enfant pendant neuf mois : un quart de l'allocation ci-dessus.

c) Pour les funérailles d'une personne adulte : le salaire mensuel moyen et pour les funérailles des enfants au-dessous de dix ans : la moitié du salaire mensuel moyen.

Ces formes complémentaires d'allocation sont étendues aux chômeurs.

En cas de maladie les chômeurs ont le droit de toucher une allocation égale à celle du chômage.

Les ouvrières du deuxième groupe reçoivent pendant leur grossesse les allocations d'après le premier groupe.

Tous les ouvriers du transport assurés, y compris les invalides et les chômeurs, ont droit gratuitement à toutes les formes de l'assistance médicale.

Protection de la maternité et de l'enfance

Les ouvrières travaillant physiquement, et en état de grossesse sont en congé 8 semaines avant leurs couches et 8 semaines après. Les employées de bureaux ont 6 semaines de congé avant les couches et 6 semaines après.

Les ouvrières qui nourrissent leurs enfants ont droit à une interruption de travail d'une demi-heure toutes les trois heures 1/2.

Les ouvrières en état de grossesse ou nourrissant leurs enfants ne peuvent être employées aux travaux de nuit ou aux travaux particulièrement nocifs.

Afin d'aider pratiquement les mères à donner les soins à leurs enfants on a organisé des bureaux de consultation médicale pour les nouveaux-nés, des maisons de la mère et de l'enfant et des crèches. Les crèches dans les transports ferroviaires sont entretenues au compte des entreprises d'après le contrat général.

Congés

Les personnes qui ont travaillé sans interruption au moins 5 mois et demi jouissent du congé annuel de 2 semaines. En outre un congé supplémentaire de 2 semaines est accordé aux professions nocives ou pénibles comme par exemple mécaniciens de locomotives, chauffeurs, télégraphistes, téléphonistes, ouvriers des fonderies, etc. Les professions rentrant dans cette catégorie sont au nombre de 71. Pour les mineurs, indépendamment de la nocivité de leur profession le congé annuel est d'un mois et pour les mineurs employés dans les professions nocives le congé est d'un mois et demi.

Les personnes qui travaillent dans des conditions climatiques particulièrement défavorables, ont également droit au congé supplémentaire de 2 semaines.

Vêtements spéciaux

Conformément au Code des lois sur le travail et au contrat collectif général, les entreprises fournissent gratuitement des vêtements spéciaux pour le travail; par exemple aux personnes qui remplissent des fonctions tranquilles en hiver en plein air, aux ouvriers qui exécutent des travaux salissants, ou qui sont exposés à des brûlures, etc., etc...

La liste des ouvriers ayant droit aux vêtements spéciaux comprend 305 professions.

Pour 1925-26, la somme assignée par les entreprises pour les vêtements spéciaux était de 11 millions de roubles. En même temps on a introduit un uniforme pour les ouvriers desservant les trains. Dans tous les cas, au bout d'un certain temps les habits deviennent la propriété des ouvriers.

Tous les grands centres industriels que nous avons visités et où nous avons interrogé des ouvriers, nous ont démontré que cette loi était appliquée rigoureusement en U.R.S.S.

L'Assistance Sociale. — Le service de l'assistance sociale dans l'U. R. S. S. est assuré par les Commissariats du peuple pour l'assistance sociale dans les diverses Républiques Unies et par les comités paysans de secours mutuels. Outre divers secours en nature et différentes faveurs, l'assurance sociale donne des pensions aux invalides de la guerre et aux membres mineurs incapables de gagner leur vie, aux familles des soldats morts au front, ou des soldats de l'Armée rouge actuellement en service. Pour les invalides impotents il y a des hospices fournissant un abri à 34.318 personnes dans la R.S.F.S.R. et à 6.000 personnes en Ukraine.

Pour les invalides qui peuvent encore se livrer à un travail quelconque, on organise des coopératives et des ateliers de production. La coopération des invalides a fait de rapides progrès. En 1923 on comptait dans la R.S.F.S.R. 639 ateliers d'invalides et en 1924, 2.264.

En outre, le Commissariat de l'assistance publique, au moyen de pensions personnelles et d'allocations met à l'abri du besoin les personnes ayant mérité du pays : les savants, les artistes, les héros du travail et les membres des familles de révolutionnaires, morts pour la cause du prolétariat. Pendant une seule année, dans la R.S.F.S.F., il a été accordé des pensions à 3.000 personnes et en Ukraine à 2.354.

L'activité des comités paysans de secours mutuel s'exerce dans les domaines suivants : secours pécuniaires et en nature aux paysans invalides, aux familles des soldats rouges et aux cultivateurs ayant souffert de la mauvaise récolte.

Il faut ajouter qu'il ne s'agit pas de simples formules, mais de réalisation. La délégation a visité plusieurs maisons de repos, sanatoriums affectés aux invalides, et s'est rendu compte de l'assistance qui se fait aux cultivateurs ayant souffert de la mauvaise récolte. Dans toutes les villes importantes de l'U.R.S.S. il existe des maisons de paysans pour recevoir leurs délégués venant réclamer ou discuter avec les services compétents. Nous citons comme exemple notre visite à une maison de paysans à Tiflis. Là nous avons causé avec des paysans pris au hasard qui étaient venus se plaindre de la mauvaise récolte de blé dans leur région. Ils repartaient avec l'assurance que la quantité nécessaire de grains leur serait envoyée sans délai. Leur séjour, nourriture, logement, sont absolument gratuits dans cette maison de paysans, où ils peuvent encore assister à des réunions éducatives du club, où une bibliothèque est à leur disposition, et où un camarade qualifié leur démontre la nécessité d'abandonner les vieilles méthodes de travail, pour obtenir par d'autres plus modernes, plus rationnelles, un meilleur rendement.

Nous avons pu faire les mêmes constatations dans une maison de paysans à Kiev, installée dans un ancien palais et nous avons assisté encore à un congrès régional de paysans, où nous nous sommes entretenus avec des délégués et reçu d'eux l'affirmation des soins du pouvoir des Soviets pour les secours alloués aux paysans dans la nécessité. Même constatation à la maison des paysans à Samara, etc.

Activité culturelle et éducatrice

L'instruction publique dans l'U.R.S.S. est caractérisée par le fait que l'instruction à tous ses degrés, la science et les arts ne sont plus mis au service de la classe bourgeoise, mais de la classe ouvrière.

Bien que pendant les dernières années, le gouvernement ait été obligé de consacrer la plupart de ses ressources à la restauration économique, de grands progrès ont cependant été réalisés dans le domaine de l'instruction publique. A l'époque du tsarisme, les ouvriers et les paysans étaient difficilement admis dans les écoles et même, certaines d'entre elles leur étaient complètement fermées.

Autrefois il n'existait pas de système unique d'instruction publique, et cela afin d'empêcher les élèves sortant des classes laborieuses de parvenir immédiatement dans les établissements d'enseignement supérieur. Maintenant tout le système a été calculé de façon à faciliter aux travailleurs l'acquisition de l'instruction qu'ils désirent.

Autrefois, sous le régime tsariste, on ne voulait à aucun prix de l'enseignement pour tous. Maintenant l'enseignement général est le but principal poursuivi par le gouvernement soviétique.

La législation soviétique pose les principes suivants : (conformément à la Constitution de l'U.R.S.S.).

a) L'école est séparée de l'église.

b) L'école est organisée au point de vue de classes : pour les travailleurs et leurs enfants. En conséquence sont admis à l'école *en premier lieu* les ouvriers et leurs enfants, et ensuite les paysans et leurs enfants et enfin, les travailleurs intellectuels et leurs enfants.

Considérons maintenant la composition sociale des étudiants de l'enseignement supérieur telle qu'elle ressort des données de l'année scolaire 1924-25. On compte 35, 5 % d'ouvriers, 29, 5 % de paysans et 22 % d'employés. Le reste appartient à la catégorie des travailleurs intellectuels. En outre le nombre des écoles a beaucoup augmenté sous le régime soviétique.

Ecoles

Sous le régime tsariste les écoles se divisaient en deux catégories : les écoles élémentaires pour le peuple et les écoles privilégiées pour les classes riches. Naturellement les écoles élémentaires ne préparaient pas directement aux écoles supérieures. Le système de l'instruction soviétique est basé sur l'école du travail, qui se divise : 1° en institutions préscolaires pour les enfants de 3 à 8 ans (écoles maternelles, colonies) ; 2° en écoles d'éducation sociale fréquentées par les enfants de 7 à 17 ans.

Préparation des élèves

Il existe actuellement 3 catégories de ces écoles :
L'école de 4 classes (4 années) (de 8 à 12 ans).
— 7 — (7 — (de 3 à 15 ans).
— 9 — (9 — (de 8 à 17 ans).
Les élèves qui ont terminé les cours de l'école de préparation générale de 4 classes peuvent entrer dans l'école professionnelle-technique, qui prépare le personnel administratif-technique inférieur.

Les élèves qui ont terminé les cours de l'école de préparation générale de 7 années peuvent entrer dans les technicums qui forment le personnel administratif-technique moyen.

Les élèves ayant terminé les cours de l'école de 9 années peuvent entrer dans les établissements scolaires techniques supérieurs qui préparent des ingénieurs.

Avant l'établissement du régime soviétique il y avait 8 universités; maintenant il y en a 20. De même on compte actuellement 6 écoles supérieures de médecine contre 2 autrefois; 12 écoles pégagogiques supérieures contre 3 et 25 écoles supérieures d'agriculture contre 14.

De même le gouvernement tsariste ajournait volontairement l'introduction de l'enseignement obligatoire. Plus de la moitié de la population était illettrée. Depuis la révolution d'Octobre, des campagnes énergiques sont menées pour la liquidation de l'analphabétisme, surtout par les syndicats. Par exemple, parmi les cheminots on comptait en 1922 10 % d'illettrés et en 1924, 4 %.

On peut évaluer à 10 millions le nombre des adultes ignorants qui ont appris à lire et à écrire depuis 1920 et dans 5 ans l'analphabétisme doit être complètement liquidé.

Sous le régime tsariste l'instruction des minorités nationales était surtout en souffrance. Les écoles nationales n'étaient pas subventionnées et l'enseignement dans les langues des minorités était proscrit. Actuellement dans toutes les Républiques et dans toutes les régions autonomes, l'enseignement est donné aux élèves dans leur langue maternelle. Des milliers d'écoles ont été organisées même pour les minorités nationales peu importantes, n'ayant pas leur territoire. Les minorités nationales possèdent environ 150 journaux rédigés en 37 langues diverses.

L'un des traits caractéristiques de l'enseignement de l'U.R.S.S. est fourni par les facultés ouvrières près des établissements d'instruction supérieure. Les facultés ouvrières ont été créées pour prolétariser l'enseignement supérieur, pour y faire accéder les larges masses des ouvriers et des paysans, vu que les écoles secondaires, pendant un certain temps, seront encore dans l'impossibilité d'envoyer un contingent suffisant d'ouvriers dans les universités.

Les facultés ouvrières préparent les ouvriers à entrer dans les établissements d'enseignement supérieur. Y sont exclusivement admis les ouvriers et les paysans âgés d'au moins 18 ans, prenant une part immédiate à la production et ayant travaillé au moins 3 ans dans une entreprise industrielle ou agricole.

Les étudiants sortant des facultés ouvrières sont admis en premier lieu et sans aucun examen dans les établissements d'enseignement supérieur. Pendant l'année scolaire 1924-25, il y avait dans l'U.R.S.S. 114 de ces facultés ou-

KHARKOV. - *Une école professionnelle du réseau Sud-Ouest des chemins de fer.*

vrières avec 43.109 étudiants, dont 65, 5 % d'ouvriers et 24,5 % de paysans et le reste d'employés. L'élément féminin atteint 18 %.

Pour préparer la main d'œuvre ouvrière qualifiée pour les différentes spécialités, il existe :

a) Des écoles d'apprentissage pour l'usine.

b) Des cours de courte durée.

Les écoles d'apprentissage sont le moyen le plus parfait pour préparer la main d'œuvre ouvrière, parce qu'elle donne des connaissances générales d'une plus grande étendue et parce qu'elle assure la préparation technique en instruisant les élèves dans la production elle-même.

Chaque école professionnelle technique (écoles des fabriques et des usines, écoles professionnelles, technicums) a son programme particulier complet et prépare la main d'œuvre qualifiée d'une catégorie bien déterminée. Ceux qui ont terminé les cours de degré inférieur de l'éducation professionnelle technique peuvent passer dans le degré suivant. Souvent les écoles d'apprentissage servent de pépinières pour les technicums.

Du technicum on peut passer dans le second cours de l'établissement correspondant d'enseignement supérieur et des écoles professionnelles dans le premier cours de ces mêmes établissements scolaires.

On a organisé spécialement pour les ouvriers :

a) Des facultés ouvrières près des établissements d'enseignement supérieur, où peuvent seulement entrer des ouvriers et des paysans ayant déjà un stage de trois ans comme travailleurs.

Les facultés ouvrières ont pour but de préparer les ouvriers et les paysans aux établissements d'enseignement supérieur.

b) Des technicums ouvriers du soir. Ce sont des établissements d'instruction spécialement destinés aux ouvriers qui veulent recevoir une éducation professionnelle technique moyenne. En outre les cours dans ces établissements d'instruction ont lieu le soir.

c) Des cours de différentes sortes où les ouvriers peuvent élever leur qualification.

La limite d'âge pour entrer dans les établissements d'instruction professionnelle technique a été fixée à 40 ans.

Les plans et programmes scolaires des établissements d'enseignement professionnel technique sont élaborés par le département de l'instruction publique avec la collaboration active des personnes employées dans la production et des syndicats, et ils répondent ainsi le plus parfaitement possible aux intérêts de la production.

Le réseau de ces établissements scolaires est établi par les organes de l'instruction publique conformément aux exigences de la production.

L'Institut des ingénieurs du transport de Moscou
et l'Institut des voies de communication de Léningrad

Ils sont fréquentés actuellement par environ 3.600 étudiants, *dont 4 % de femmes.* Par leur origine sociale, 40 % des étudiants sont ouvriers, 23 % paysans et les 28 % restant sont des employés ou des enfants des travailleurs intellectuels.

Dans les technicums, les ouvriers et les enfants d'ouvriers forment 60 % des élèves et les enfants des employés 40 %.

Il existe pour les chemins de fer 23 technicums avec 30 sections (pour les services de la voie, de la traction, de l'exploitation, de la liaison et du matériel), 118 classes et 4.556 élèves. On compte 45 écoles professionnelles avec 63 sections, 166 classes et 5.551 élèves. Les élèves *des écoles d'usines et des fabriques* sont uniquement fréquentées par la jeunesse ouvrière.

On compte en plus 158 écoles avec 192 classes et 15.402 élèves.

Il y a 130 *brigades d'apprentissage* avec 2.615 élèves.

Les cours de la jeunesse ouvrière sont au nombre de 95 avec 2.440 élèves.

Dans les écoles supérieures sont admis en premier lieu les ouvriers et les paysans sortant des facultés ouvrières et les autres places vacantes sont attribuées aux candidats présentés par les organisations syndicales et autres. Tous les étudiants des facultés ouvrières reçoivent une subvention de l'Etat. En 1925, dans la R.S.F.S.R., des bourses étaient ainsi accordées à 25.000 élèves des facultés ouvrières et à 33.819 étudiants des universités. Pour alimenter cette caisse de bourses, les organes économiques versent 0,1 % du chiffre d'affaires et 0,4 % de la somme totale des salaires qu'ils payent à leurs ouvriers et employés.

L'enseignement professionnel secondaire et élémentaire comprend les écoles professionnelles, les technicums, les cours de brève durée, les écoles d'usine et de fabrique, etc. Le comité central du syndicat collabore à la rédaction des programmes. Les technicums préparent le personnel dirigeant moyen des usines et des fabriques, les écoles professionnelles font des ouvriers adolescents des ouvriers qualifiés. Tous les adolescents travaillant dans la production doivent nécessairement passer par l'école d'usine et de fabrique.

Pour relever la qualification des employés du transport, on a employé avec succès pendant les dernières années les méthodes d'enseignement élaborées par l'Institut scientifique du travail. Ces méthodes sont fondées sur la rationalisation de la production, sur l'étude des mouvements des ouvriers dans la production et réduisent de beaucoup la durée de l'apprentissage. Vingt-cinq mille cheminots profitent cette année de cet enseignement. Des commissions spéciales de sélection, de concert avec les organes syndicaux, choisissent les élèves.

En outre, le syndicat se livre à une activité culturelle et éducatrice générale, surtout par l'intermédiaire des clubs, des cercles d'instruction politique élémentaire, d'instruction générale, de littérature et d'art, de sport, etc...

Il est nécessaire, pour compléter l'exposé ci-dessus, de mettre sous les yeux des lecteurs les résultats de notre enquête à travers la Russie.

Comme exemple, nous avons visité les écoles installées à Sverdlovsk dans une vaste et confortable isba. Affable, le directeur nous reçoit, nous fait pénétrer dans les salles spacieuses et bien éclairées, et nous explique les méthodes d'instruction et d'éducation.

Les travaux scolaires nous démontrent les résultats obtenus par la variation des leçons.

Le directeur nous parle des organisations enfantines, qui ont leurs délégués, leur journal mural et aussi leurs clubs. Tous ces enfants qui nous ont accueilli au chant de l'*Internationale* paraissent heureux, pleins d'ardeur ; ils nous demandent ce que font leurs petits camarades français.

De là, notre visite se poursuit par celle de l'école professionnelle ; une cinquantaine de jeunes gens et jeunes filles travaillent avec ardeur à l'étau. Les pièces d'outillage qui nous sont montrées, compas de précision, étaux à main, fabriqués par des jeunes filles de 15 à 16 ans qui se destinent à la profession d'ajusteur, sont d'exécution parfaite.

Les élèves les plus qualifiés entrent dans les écoles normales professionnelles pour devenir des techniciens ou des ingénieurs.

A Moscou, une école de ce genre, que nous avons pu visiter également, applique les principes des mouvements méthodiques et rythmés, des appareils spéciaux, règlent ces mouvements et la position des élèves pour diminuer la fatigue et augmenter l'agilité et la force.

Les syndicats professionnels eux-mêmes collaborent largement par leurs clubs à l'éducation de la jeunesse ; leur nombre en est très grand en Russie.

A Sverdlovsk, citons en passant la section anatomique du club des transports, où des pièces et des dessins sont exposés aux yeux de tous pour éclairer les jeunes contre certaines maladies dangereuses.

Il serait souhaitable qu'en France ces exemples soient imités par les organisations ouvrières pour que la jeunesse, attirée par des distractions utiles et saines, soit détournée des plaisirs dangereux pour son moral et sa santé.

Sur ce terrain aussi, la Révolution russe a dépassé les autres pays et ses générations futures seront pour elle sa sauvegarde, son honneur et sa force.

Les clubs de diverses organisations que nous avons visité nous ont prouvé quelle influence ils jouent sur l'éducation morale des travailleurs. Chaque club possède une salle de spectacle où l'on peut indifféremment faire du cinéma, jouer du théâtre, transformer la salle en dancing. Il existe en outre, dans chaque club, une bibliothèque possédant des milliers et des milliers d'ouvrages, des cours de dessin industriel, de dessin artistique, des cours de musique, salles de jeux, section théâtrale. Depuis l'enfant jusqu'au travailleur le plus âgé, tous trouveront au club tout ce qu'ils veulent au point de vue éducation culturelle. Les clubs sont très fréquentés le soir ; c'est une joie pour le travailleur, pour l'ouvrière, pour la ménagère de venir passer quelques heures de repos et de distraction, car là la mère de famille n'est pas esclave, elle peut venir avec ses enfants, même les plus petits, une garderie d'enfants est installée dans chaque club, l'enfant est pris en garde par des camarades affectés à ce service sous la conduite d'un docteur ou d'une doctoresse ; quand la mère repart, elle reprend son enfant. Dans chaque club — à part une salle réservée à cet effet — il est interdit de fumer. Un buffet est installé, aucune boisson alcoolisée n'y entre.

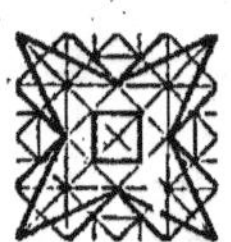

Condition juridique de la femme

Mariage, divorce, pension alimentaire et avortement d'après la législation de l'U. R. S. S.

L'égalité juridique complète de la femme et de l'homme a été rigoureusement réalisée dans tous les domaines de la vie sans aucune exception. Dès son enfance, la femme s'habitue à se regarder comme la camarade et la collaboratrice, égale en droits de l'homme. Tout d'abord, elle fréquente l'école en même temps que les garçons, entre au même titre dans tous les établissements d'instruction secondaire et supérieure, et, enfin, après avoir atteint la majorité en même temps que l'homme, à 18 ans, reçoit l'indépendance économique complète et toute la plénitude des droits politiques : droit électoral (actif et passif), droit d'occuper toutes les fonctions administratives et de remplir toutes les charges dans les organisations économiques, sociales, communistes; droit d'exercer n'importe quelle profession, etc.... En outre, toutes les mesures sont prises pour éveiller l'activité de la femme et pour remédier aux conséquences de son ancienne infériorité sociale. Des campagnes sont organisées pour l'enrôler dans les diverses branches du travail social, par exemple, à la suite d'une campagne de ce genre, a été organisé un cadre de femmes-juges qui se sont montrées pleinement à la hauteur de leurs charges.

Toutefois, étant donné que l'organisme féminin a des caractères spécifiques, la législation de l'U. R. S. S. formule toute une série de mesures protectrices. Par exemple, le travail des femmes est interdit dans les productions nuisibles et pénibles pour la santé, comme les travaux souterrains. Les travaux nocturnes sont considérablement limités, les travaux supplémentaires et nocturnes sont complètement interdits aux femmes enceintes. A l'époque de la grossesse, l'ouvrière travaillant physiquement reçoit un congé de quatre mois et les femmes travaillant intellectuellement ou dans les bureaux, trois mois, dont la moitié avant les couches et l'autre moitié après. Outre les interruptions normales pendant la journée de travail, il a été institué pour les femmes nourrissant leurs enfants des interruptions supplémentaires d'une durée d'une demi-heure au moins toutes les trois heures et demie. Au moment des couches, l'Etat, par les organes de l'assurance sociale, accorde un subside pour l'achat de la layette et une allocation mensuelle pour l'allaitement de l'enfant pendant neuf mois. Les femmes seules ne peuvent être congédiées de leur place que dans des cas exceptionnels, en observant certaines règles qui assurent un contrôle sévère de la part de l'inspection d'Etat et des syndicats. Les femmes ayant des enfants au-dessous de 8 ans reçoivent une pension, indépendamment de leurs capacités de travail, à la mort de leur mari ou du fils qui les soutient, si ces derniers étaient ouvriers ou employés. Citons enfin entre autres l'article u Code pénal destiné à défendre les droits de la femme, celui qui prévoit une peine d'emprisonnement pouvant aller jusqu'à cinq ans pour l'homme qui forcerait une femme à avoir des relations sexuelles avec lui en profitant de son infériorité hiérarchique ou de sa dépendance matérielle.

En ce qui concerne le mariage, le principe de l'égalité complète et de l'indépendance réciproque des conjoints a été appliqué avec suite, de sorte que si l'un d'eux change de domicile, l'autre n'est pas obligé de le suivre. La forme de la conclusion de mariage, jusque dans les derniers temps, consistait dans l'enregistrement par déclaration orale ou écrite faite devant l'organe d'Etat pour l'inscription des actes civils. Une loi qui vient d'être approuvée, et qui entrera en vigueur à partir du 1er janvier 1927, rend valable le mariage de fait, même s'il n'est pas enregistré. Dans ce cas, le tribunal accepte comme preuves des relations conjugales : la vie commune, l'existence d'un ménage commun, la manifestation des relations conjugales devant des tierces personnes, etc... L'âge de mariage est le même pour les deux sexes et coïncide avec la majorité, 18 ans. Ne peuvent être enregistrés les mariages entre parents dans la ligne directe, ascendante et descendante, entre frères et sœurs, et lorsque le fiancé ou la fiancée sont déjà engagés dans une union enregistrée ou non enregistrée. Les personnes faisant enregistrer leur mariage signent une déclaration aux termes de laquelle elles déclarent connaître réciproquement l'état de leur santé, surtout au point de vue des maladies vénériennes, psychiques et tuberculeuses. Les conjoints peuvent conserver leur premier nom de famille ou bien en adopter un commun (celui du fiancé ou de la fiancée).

La législation *du divorce* s'inspire également du principe de l'indépendance mutuelle complète des deux époux l'un envers l'autre. Le divorce est prononcé sur le désir exprimé librement par les deux époux ou par l'un d'entre eux (et, dans ce cas, indépendamment du consentement de l'autre) sans aucune formalité pénible, longue ou coûteuse dans le même organe administratif qui enregistre le mariage. Lorsque l'époux qui veut divorcer ne connaît pas le domicile de l'autre, celui-ci peut être convoqué par voie d'annonce publique et, au cas où il ne se présenterait pas dans un délai de deux mois, le divorce est prononcé en son absence. Chacune des parties reprend les biens qu'elle avait apporté à la communauté et tous les acquets opérés pendant la vie commune sont partagés par moitié. Quant à la question de savoir celui des deux époux qui doit être chargé des enfants, à défaut d'accord, elle est exclusivement réglée par le tribunal dans les intérêts des enfants après une enquête sur les conditions dans lesquelles ils vivent.

L'époux qui reste chargé des enfants a le droit d'exiger de l'autre, par voix judiciaire, le versement périodique des sommes d'argent pour leur entretien jusqu'à ce qu'ils aient atteint la majorité et parfois pour lui-même (pension alimentaire), mais de ce dernier chef seulement dans deux

cas : si l'époux divorcé : 1° est incapable de travailler et
se trouve dans la nécessité, ou si 2° il n'a pas de travail.
Dans le premier cas, il a droit à une pension alimentaire
pendant la durée d'un an et, dans le second cas, pendant six
mois à partir du jour du divorce.

La défense des intérêts des enfants occupe une place pré-
dominante dans le droit familial ; c'est pourquoi les enfants
nés en dehors du mariage, de relations fortuites, sont mis
sur le même pied que les enfants nés d'un mariage enregistré ou de fait (c'est-à-dire non enregistré) et ont droit
à une pension alimentaire. En outre, leur mère a aussi le
droit d'exiger du père de l'enfant des secours pendant la
période de grossesse et pendant six mois après les couches
(si elle est sans place) et, dans tous les cas, elle a le droit
d'exiger une compensation pour tous les frais entraînés par
la grossesse, les couches et la naissance de l'enfant. La
paternité, au cas où le père ne reconnaît pas l'enfant, est
établie de la façon suivante : la femme enceinte dépose une
déclaration dans les bureaux d'actes civils en indiquant le
temps de la conception, le nom de famille et le domicile
du père (une déclaration analogue peut être faite par une
femme déjà mariée si l'enfant conçu n'est pas de son mari).
Le bureau d'enregistrement des actes civils communique
la déclaration à la personne qui y est nommée, et si cette
dernière n'intente pas une action judiciaire contre la mère
dans le courant de deux semaines pour fausse déclaration,
il est déclaré père de l'enfant. Dans le cas contraire, la
question est décidée par le tribunal (habituellement, elle est
en rapport avec le salaire du répondant ; s'il est ouvrier
ou employé, la moitié du salaire du répondant est intangi-
ble). Le total de toutes les prétentions par voie judiciaire
pour toutes les dettes, y compris les pensions alimentaires
même en faveur de plusieurs personnes différentes, ne peuvent dépasser la moitié de son traitement. Nous appelons
plus haut la personne chargée de payer des aliments « répondant » et non « père », car la fiancée peut être obligée

de payer des aliments si les enfants restent près du père ou si ce dernier a droit à des secours, comme il a été indiqué plus haut. Dans toutes les affaires concernant la demande de pensions alimentaires, les requérants jouissent d'un régime de faveur : ils sont dispensés de toutes les taxes et ont la priorité sur toutes les autres dettes exigées par voie judiciaire.

Au cas où la situation matérielle des parents viendrait à changer, le tribunal peut modifier sa première décision au sujet de la pension alimentaire pour l'augmenter ou la diminuer. Les personnes qui refusent sans raison plausible de payer les pensions alimentaires ou les parents qui abandonnent les enfants en bas âge sont punis par le Code criminel et sont passibles d'une peine de prison allant jusqu'à six mois et d'une amende allant jusqu'à 300 roubles.

En ce qui concerne l'*avortement*, il convient de dire tout d'abord qu'il n'est pas interdit dans l'U. R. S. S., mais il est réglementé par l'Etat. Les avortements peuvent être opérés gratuitement. Contre rémunération, les avortements sont exécutés librement dans les cliniques d'Etat. Ces autorisations sont données par la surveillance médicale après que l'examen a démontré que l'installation satisfait à toutes les exigences de la médecine.

Les avortements gratuits se font dans les cliniques de l'Etat. Les femmes des ouvriers sans travail ou invalides doivent, pour la gratuité de cette opération, obtenir l'autorisation des commissions spéciales instituées près des sections de la protection de la maternité et de l'enfance, lesquelles prennent en considération la situation matérielle et la santé des intéressés. En premier lieu, les autorisations sont accordées aux femmes ayant un enfant âgé de moins de 7 ans et aux femmes souffrant de la syphilis, de la phtisie, des maladies cardiaques, des maladies psychiques, d'infirmités. En deuxième lieu, l'autorisation est accordée aux femmes seules après une enquête sur les conditions de leur vie domestique, aux femmes ayant une grande famille et un salaire peu élevé, à celles ayant trois enfants, à celles sans travail. Après l'avortement, les femmes jouissent d'un congé fixé par les médecins dans chaque cas particulier. Les personnes qui se chargeraient de faire un avortement, même avec le consentement de la femme, sans avoir la qualification requise et dans des conditions anti-hygiéniques, sont punies par le Code criminel et sont passibles d'un emprisonnement d'un an.

Ajoutons en terminant que, faute de temps, nous ne pouvons pas ajouter à ce rapide aperçu les données statistiques, qu'il est d'ailleurs facile de se procurer dans les institutions centrales correspondantes.

Par exemple, on peut obtenir au Commissariat de l'intérieur des chiffres exacts sur la quantité des mariages et des divorces ; au Commissariat de l'hygiène publique, des données sur les avortements.

Protection de la mère et de l'enfant

La protection de la mère et de l'enfant a été l'objet d'un soin particulier. Le principal résultat des efforts dans ce domaine a été la diminution de la mortalité enfantine. Avant la révolution, en 1913 elle s'élevait à 25 %, et maintenant, elle est descendue à 17 %. Il y a en U. R. S. S. plus de 5.000 établissements pour la protection de la mère et de l'enfant : « Maisons de la mère et de l'enfant », « maison de l'enfant » pour les enfants abandonnés, consultations médicales gratuites pour les femmes enceintes, crèches de jour et écoles maternelles où les paysannes et les ouvrières peuvent laisser leurs enfants pendant qu'elles se rendent au travail. Le code des lois sur le travail interdit aux femmes de travailler dans des conditions particulièrement pénibles ou dangereuses pour la santé et de transporter des fardeaux. Les femmes qui nourrissent ou les femmes enceintes ne sont pas admises au travail de nuit. Dans certaines branches du travail (dans les entreprises de couture), les femmes jouissent mensuellement d'un congé de trois jours. La législation soviétique accorde huit semaines avant et huit semaines après les couches avec payement intégral du salaire.

Parmi les nombreux établissements de protection de la mère et de l'enfant que nous avons librement visité dans les villes traversées par nous, prenons un exemple entre tous, la même émulation régnant partout et les mêmes principes étant à la base.

Citons la maternelle de l'usine de caoutchouc de « Triangle » à Léningrad. Là, cent cinquante enfants de deux mois à huit ans sont amenés chaque matin par leur mère et y reçoivent gratuitement des soins minutieux d'hygiène, la nourriture et l'éducation appropriés à leur âge. Ils sont classés en trois groupes, plutôt suivant leur développement physique et leur intelligence que suivant leur âge.

Dans le premier groupe, nous voyons les petits au berceau, dans des salles très claires, bien aérées et confortablement agencées. Des costumes spéciaux leur sont donnés à cet effet et un personnel qualifié est attaché à ce service.

Dans les fabriques et les entreprises, les ouvrières, pendant le temps qu'elles nourrissent leurs enfants, en outre de la pause pour le dîner, disposent d'interruptions d'une demi-heure toutes les trois heures et demie pour s'acquitter de cette fonction, soit en tout deux heures.

Dans le deuxième groupe, tout à fait isolé du premier, sont placés les enfants pouvant déjà marcher, se mouvoir librement et jouer ensemble. Après chaque grand repas, ils se reposent au dortoir.

Nous avons pu circuler sans bruit à ce moment-là autour de leurs petits lits, dans lesquels, joufflus et roses, ils dormaient à poings fermés. Des salles spéciales leur sont attribuées, dortoirs, réfectoire, salle de jeu, avec tout un matériel de chaises, de tables, de jouets divers pour leur distraction et un commencement d'éducation.

Voyons maintenant les plus grands, ceux que l'on pourrait appeler « les sénateurs ». Sous la conduite de la directrice, nous pénétrons dans leur domaine. Une cinquantaine de ces bambins sont assis, attentifs, écoutant une histoire ; à notre entrée, ils nous saluent d'un vigoureux bonjour longuement répété. Ils entrent en courant autour de nous dans leur salle de jeu et, sur un signe de leur jeune éducatrice, qui s'est mise au piano, ils exécutent une marche rythmée sous la conduite d'un chef haut comme trois pommes, mais se redressant crânement, fier de ses attributions.

Ce dernier groupe d'enfants a déjà sa petite organisation syndicale, peut-on dire, son journal mural, sur lesquel ils notent leurs premières observations, et, par des caricatures, glorifient ou réprouvent les actes de leur vie enfantine. Un personnel technique s'empresse pour les soins et l'éducation autour de ce petit monde respirant la santé et rayonnant de bonheur. Une doctoresse est spécialement attachée à l'établissement qui doit être prochainement agrandi.

Les syndicats ouvriers, l'Etat et les administrations participent aux dépenses et assurent le contrôle. Que les femmes ouvrières françaises, pour qui la maternité est une cause d'inquiétudes, de privations et de souffrances aggravées, comparent cette situation à la leur.

Tandis qu'en Russie une loi accorde huit semaines de repos avant et autant après les couches, en France, rien que le bon plaisir d'une société égoïste protège la maternité.

Tandis qu'en Russie la femme est l'égale de l'homme, en France elle est l'esclave de la société.

Que les grands prêtres bourgeois de la repopulation (pour les autres), s'enfermant dans leur égoïsme de classe, s'inclinent et se taisent devant ces exemples de justice et d'humanité.

Pendant les couches et pendant la période d'allaitement, l'ouvrière reçoit aussi des allocations supplémentaires des caisses d'assurance. Les droits des entreprises et des organes économiques sont limités en ce qui concerne le congédiement des femmes enceintes ou ayant des enfants au-dessous d'un an.

La lutte contre le chômage et le vagabondage

Les conditions de chômage dans l'U. R. S. S. se distinguent nettement, à l'heure actuelle, de celles qu'on rencontre dans les pays capitalistes. Ainsi, au commencement de 1926, on comptait environ un million de chômeurs. Paral-

ROSTOV. - *Les orphelins.* - *Enfants trouvés dans la rue après la guerre civile et rééduqués.*

lèlement à ce chômage, le nombre des ouvriers employés dans la grande industrie s'est augmenté, pendant la même période, de 361.124. Ce chômage, accompagnant le développement continuel de la main-d'œuvre ouvrière, n'atteint pas les ouvriers industriels, mais les éléments paysans, attirés dans la ville par de meilleures conditions de travail, par le manque de chevaux, par l'absence de travail en hiver parmi la nombreuse population agricole de l'U. R. S. S.

Parmi les chômeurs, 18 % seulement rentrent dans le groupe industriel. Plus de la moitié des chômeurs sont des ouvriers non qualifiés et sans expérience arrivant du village.

L'intensification ultérieure de l'agriculture et les mesures prises par le régime soviétique pour améliorer la situation au village amèneront la diminution de l'afflux des paysans à la ville et, en même temps, la diminution du chômage.

La salle à manger de la colonie

Les principales formes que revêt le secours aux chômeurs sont les suivantes : organisation de travaux publics, de collectivités de production, et enfin les secours pécuniaires distribués aux chômeurs par les bourses du travail, par les caisses d'assurances et par les syndicats.

Partout, au cours de sa longue enquête, la délégation a pu constater les efforts faits et relever les résultats obtenus.

Partout, d'immenses chantiers se dressent pour la construction de cités ouvrières, d'usines nouvelles, de puissanles stations électriques ; une activité fébrile se manifeste dans tous les domaines.

En dehors de l'assistance aux chômeurs par secours, caisses d'assurance, etc..., on organise aussi des restaurants à bon marché ; il existe des écoles de rééducation. La grande majorité des chômeurs étant sans profession, des

L'instruction sanitaire

écoles d'apprentissage de métiers ont été créées, des écoles de rééducation professionnelle pour les travailleurs ne connaissant qu'imparfaitement leur métier.

Le vagabondage des enfants dans l'U. R. S. S. est le résultat de la guerre impérialiste et de la guerre civile, de la famine et des épidémies pendant le blocus et les interventions étrangères.

Des centaines de milliers de familles paysannes ruinées par la guerre, la famine et les épidémies ont donné naissance à ce contingent d'enfants abandonnés. Le gouvernement lutte largement et énergiquement contre le vagabondage. Les organisations sociales prennent part à cette lutte. Plus de 350.000 enfants abandonnés ont déjà été installés dans les asiles et dans les colonies de travail. Cette année le gouvernement a publié un décret pour intensifier la lutte contre le vagabondage et a assigné de nouveaux crédits financiers dans ce but.

Les mesures prises contre le vagabondage sont de trois catégories : financière, d'organisation et de travail.

I. Mesures financières : Impôts sur les cartes à jouer. Taxes supplémentaires sur la bière au profit des enfants abandonnés et prélévements sur les bénéfices des entreprises particulières.

II. Mesures d'organisation : un organe central de l'Union a été organisé pour mener la lutte contre le vagabondage et un réseau de récepteurs a été établi sur les chemins de fer.

III. Mesures de travail : Des colonies agricoles de travail ont été fondées pour les enfants abandonnés ; toute une série de faveurs et de diminution sur les impôts ont été accordées aux paysans et aux artisans qui emploient des enfants abandonnés. Une partie des enfants abandonnés a été installés dans les écoles, dans les équipes médicales et dans les ateliers de l'Armée rouge.

En ce qui concerne le vagabondage enfantin, il est aussi le résultat de toutes les misères déchaînées par la famine et les guerres.

Si l'on songe que dans les régions de la Volga cette famine a été particulièrement cruelle et meurtrière ; que dans la province de Samara deux millions cinq cent mille personnes ont terriblement souffert et que, là, des hécatombes d'êtres humains de tous les âges se sont produites dans les tortures de la faim et du froid, on comprendra alors qu'un nombre incalculable d'orphelins jetés à tous les vents se soit répandu, affamés, sur toutes les régions, dans l'espérance de trouver un abri et du pain.

Devant ce flot d'innocentes victimes les sentiments humains se sont partout manifestés, indépendemment des efforts officiels pour endiguer cette pitoyable misère errante, des œuvres privées se sont constituées par milliers.

Partout, dans toutes les régions des maisons ont été créées et ont recueilli par centaines ces pauvres enfants.

Dans les centres les plus éloignés de Tiflis à Léningrad, de Minsk à Sverdlovsk, des établissements existent, et toute cette enfance misérable est à peu près sauvée maintenant.

A Rostov, nous avons pu admirer l'œuvre dirigée par le camarade Jloba, ancien général de l'Armée révolutionnaire. Là, nous avons été émerveillés par un concert musical donné par un groupe de 150 garçons et fillettes âgés de 8 à 13 ans.

Tous orphelins, tous enfants trouvés.

A Bakou, nous avons visité les ateliers où garçons et filles de 12 à 16 ans apprennent, en dehors des heures scolaires, des professions différentes.

A Moscou, quatre ou cinq de ces établissements existent, deux que nous avons choisi ont été visités par nous.

Un collecteur d'abord où sept cents enfants peuvent trouver un abri. Ils sont recueillis dans les rues par les agents de police ou par les membres des « Amis de l'enfance » et sont amenés à l'établissement précité.

Là, ils sont lavés, tondus, vêtus, et passent une visite médicale. Les malades sont dirigés sur des hôpitaux, les autres, suivant leur sexe, leur âge, leur état physique et moral, sont sélectionnés.

Les fillettes vont dans des maisons spéciales. Pendant un mois, les uns et les autres sont soumis à des examens attentifs et au bout de deux ou trois mois après avoir passé dans des catégories successives, ils sont dirigés dans des maisons d'instruction et d'éducation.

Le médecin qui dirige le laboratoire de cet établissement nous a déclaré que sur ces enfants atteints en assez grand nombre par des maladies superficielles de la peau dues au manque de propreté, il n'y avait qu'un pourcentage très faible de tuberculeux et d'hérédosyphilitiques.

A côté de ces vagabonds de la misère une autre catégorie existe aussi, ce sont les nomades, les enfants pris par l'ardent désir de voyages, de voir ces villes que leur esprit enlumine de choses merveilleuses.

L'un d'eux, amené par des agents en notre présence, déclara qu'il avait quitté son village lointain et sa mère pour venir, caché dans un train de passage, assister à Moscou aux fêtes de la Révolution et voir Lénine.

Quatre-vingt-dix pour cent de ces enfants reviennent à l'état normal, beaucoup d'entre eux, endurcis par les souffrances éprouvées, seront des hommes énergiques.

Que ceux qui jésuitiquement se lamentent dans la presse capitaliste sur cette soit-disant misère en Russie, faisant ainsi supporter le poids de cet état de choses à la Révolution elle-même, gardent pour eux leurs lamentations ; disons que non seulement ils ne lui ont apporté aucun secours, mais qu'au contraire ils ont tout fait pour le provoquer par leur complicité avec les ennemis intérieurs dans l'espérance qu'elle pourrait lui être fatale.

Là aussi ils se sont trompés.

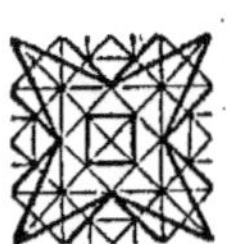

Protection de la santé publique

Tout ce qui concerne la protection de la santé publique est concentré dans le Commissariat du peuple pour la santé publique, et, dans les provinces, dans les sections de provinces et de district.

AU CAUCASE - *Sanatorium de Lilani pour cheminots*
150 lits seront en service en juillet 1927

Au point de vue de l'assistance médicale, la population est divisée en trois catégories : 1° Les personnes n'exploitant pas le travail des autres et assurés aux caisses d'assurances. 2° Les familles des personnes rentrant dans la première catégorie. 3° L'élément non travailleur.

L'assistance médicale est accordée gratuitement aux deux premières catégories, les remèdes sont également fournis gratuitement. Mais l'assistance médicale n'est gratuite pour toutes les couches de la population que pendant les épidémies.

75 % des médecins de l'U.R.S.S. sont au service de l'Etat. Si l'on compare l'état actuel avec l'état d'avant la Révolution on constate une baisse de la mortalité, qui doit être attribuée à l'amélioration de l'existence de la population ouvrière.

La médecine soviétique a surtout largement développé les mesures prophylactiques et a cherché à diminuer la mortalité parmi les ouvriers en leur accordant à temps un congé et des soins médicaux. Beaucoup d'établissements connus sous le nom de dispensaires, surtout ceux pour les tuberculeux, s'occupent de l'assistance médicale et sanitaire aux ouvriers de leurs rayons et leur accordent également des secours matériels par l'intermédiaire des conseils d'assistance sociale ; aux dispensaires sont adjoints des sanatoriums de nuit pour les ouvriers adultes et des sanatoriums de jour pour les enfants. Les maisons de repos situées dans les environs des villes, sur les côtes de la Crimée et du Caucase, ont été multipliées et offrent à l'ouvrier la possibilité de passer ses vacances en profitant des avantages du sanatorium.

En 1925, 250.000 personnes se sont rendues dans les maisons de repos et dans les stations balnéaires et climatiques aux frais des caisses d'assurances. Toutes les stations d'eaux minérales ou sur les côtes de la Crimée et du Caucase, sont dans une proportion de 80 % au service des ouvriers. Dans les anciens palais des Tsars en Crimée on a organisé des sanatoriums pour les paysans les plus pauvres.

Près le Commissariat du peuple pour la santé publique, fonctionne « Le Conseil central pour la lutte contre la prostitution ». Parmi les mesures générales pour la lutte contre la prostitution, citons la prescription du Commissariat du peuple pour le travail de ne congédier qu'avec circonspection les femmes sans ressources matérielles lors de la diminution du personnel.

Dans les écoles d'enseignement professionnel technique des places sont spécialement réservées pour les femmes se trouvant dans des conditions matérielles pénibles.

Près des Bourses du travail, des ateliers de production ont été organisés pour les femmes. Des maisons d'habitation en commun ont été ouvertes pour les femmes sans ressources et pour les paysannes arrivant dans la ville pour chercher du travail.

Signalons encore ces mesures spéciales : les dispensaires vénérologiques (on en compte 119 dans la R.S.F.S.R.) outre l'assistance médicale, placent les femmes atteintes de maladies vénériennes lorsqu'elles sont sans toit et sans ouvrage, dans ce qu'on appelle : Etablissements prophylactiques de travail, ateliers et habitations en commun pour les femmes qui doivent, par leur travail, couvrir leurs frais

Mesures législatives : tout enregistrement et réglementation des femmes prostituées sont abrogés.

Il n'y a que les teneurs de bouges qui sont poursuivis administrativement. Toute personne usant de violences à l'égard d'une femme qui lui est subordonnée ou qui dépend d'elle matériellement est punie de 3 ans de prison. La personne atteinte de maladie vénérienne qui contamine une autre personne est passible de 3 années de prison.

Nous avons visité une quantité d'hôpitaux, de préventoriums, de sanatoriums, maisons de repos, partout nous avons remarqué la bonne tenue, les mêmes bons rapports entre malades, docteurs et camarades du service hospitalier. Les méthodes les plus modernes sont appliquées, les appareils les plus perfectionnés sont à la disposition du personnel technique des établissements. Souvent nous avons posé la même question à des docteurs, à des professeurs, à des chirurgiens, toujours ils nous ont répondu avoir à leur disposition tous les appareils, tout ce qui était nécessaire, qu'ils pouvaient faire des recherches, élargir leurs connaissances par l'étude que rien ne leur était refusé en ce domaine, chaque hôpital, sanatorium, en un mot toute maison de santé possède son club, sa bibliothèque, salle de conférences où des cours sont faits par les docteurs et chirurgiens, sur les diverses maladies et l'étude des moyens préventifs. Nous pensons que le meilleur moyen de traduire la pensée des malades sur ce que leur apporte le régime est de publier, prise au hasard, une des lettres qui nous ont été remises et sans ajouter de commentaires.

Prolétaires de tous les pays, unissez-vous

Moscou, 23, 9, 26.

Nous vous saluons, chers camarades cheminots. Nous vous adressons le salut chaleureux de tous les malades de l'Hôpital Central Semachko de la Ligue du Nord.

Malgré nos faibles forces, nous avons oublié nos lourdes maladies lors de la rencontre abec vos représentants et pendant l'entretien que nous cûmes ensemble, et durant lequel nous apprîmes que vous, chers camaradss, souffrez encore plus que nous du fait que vous n'avez pu éduquer chez vous l'enfant sur ce qu'est le communisme, qui naquit dans votre pays, en France. Sachez, chers camarades, que nous éduquons déjà depuis neuf années, et maintenons sauve, la solidarité générale du prolétariat mondial. C'est avec impatience que nous attendons, chers camarades, que les colonne de nos journaux soient pleines de nouvelles sur l'insurrection du prolétariat français renversant ses exploiteurs sous l'emblème du socialisme.

Nous avons appris, durant l'entretien avec vos représentants, que vos journaux bourgeois répandent des bruits mensongers sur notre pays. Ne croyez pas les dires et les cris de vos socialistes révolutionnaires et de leurs journaux. Ils cherchent à miner vos sympathies à l'égard de notre jeune Union des Républiques Socialistes Soviétiques.

Vos représentants vous raconteront tout ce qu'ils ont vu dans notre pays, et ils confirmeront le dédain absolu de la vérité que prêchent vos journaux bourgeois.

Nous espérons que vous nous répondrez à cette lettre.

Nous serrons fraternellement vos mains calleuses.

Adresse : Moscou, 13 Hôpital Semachko de la Ligue du Nord Salle des tuberculeux.

Au sujet des sanatoriums nous avons visité celui de Libania au Caucase. Ce sanatorium pour les cheminots, situé en pleine montagne est entouré d'immenses forêts de sapins. Sa construction commencée en 1920 coûte 1.354.000 roubles. Bâti en ciment armé, rien n'y manque : station électrique, chauffage central, habitations pour tout le personnel, toute la technique moderne à la disposition des travailleurs, chose que, dans nos pays capitalistes, on ne construit que pour les classes possédantes. Nous pourrions citer des exemples en quantité : Tiflis, Kharkof, Moscou, Bakou, le Caucase, etc..., à Kislovodsk, ville d'eaux qui n'avait jamais eu auparavant la visite des travailleurs, nous avons vu les beaux sanatoriums, les établissements de bains, remplis de travailleurs fatigués par le dur labeur, venus là pour reprendre la santé afin de redonner encore leurs forces à la révolution, tandis qu'avant, seuls, les nobles, les gros bourgeois avaient possibilité de fréquenter ces établissements. Le transport des malades est gratuit dans ces établissements, et des centaines de mille de travailleurs y sont passés. Nous avons aussi visité dans cette ville le Temple de l'air, sanatorium qui mérite son nom. C'était autrefois, du temps des tsars, une forteresse suffisante pour maintenir l'obéissance des sujets caucasiens. Aujourd'hui, la révolution l'a transformé en sanatorium, a supprimé l'instrument de mort et bâti à sa place ce Temple de l'air, source de vie pour des milliers et des milliers de travailleurs libres dans un pays libre.

Il existe en U.R.S.S. des œuvres complètement ignorées de la classe ouvrière française. Aucun de nous ne se figurait ce que pouvait être un Préventorium de nuit. Parmi ceux que nous avons visité, citons celui de Bakou.

Des ouvriers présentant les premiers symptômes de

tuberculose quittent le travail vers 4 heures, y viennent directement, s'y déshabillent et laissent leurs vêtements de travail au vestiaire, puis c'est le bain, ensuite ils revêtent les habits de l'établissement, d'une blancheur immaculée, et qui nous sont imposés à nous-mêmes, par mesure d'hygiène, pour visiter. Jusqu'au lendemain matin, à l'heure où ils repartiront pour le travail, les ouvriers ne quitteront plus ce milieu où la lutte contre les microbes est poussée à l'extrême et où est menée parallèlement la culture du cerveau ; en effet, dans ce magnifique immeuble moderne, gai, bien éclairé et aéré, décoré artistiquement, frisant même le luxe, nous trouvons : une cuisine d'installation moderne, dirigée par des professionnels habiles qui assurent à tous les malades 5 repas par jour d'une nourriture saine, variée et abondante, dont 2 sont emportés à l'atelier, coiffeur à la disposition des malades, laboratoire, salle de jeux, bibliothèque, salle à manger, chambre à coucher, terrasse au cinquième étage d'où l'on aperçoit la mer et où est installé un cinéma en plein air, salle de gymnastique, etc... Tout cela encadré par un personnel, médecins et infirmiers, qui vit en bonne camaraderie avec les malades.

Quelques semaines de ce régime suffisent pour anéantir les premiers effets de la terrible maladie et conserver à la société un travailleur vigoureux, développant chez lui l'esprit de solidarité, le désir de confort et la confiance dans l'organisation de la classe ouvrière.

La politique du logement dans l'U. R. S. S.

Avant la révolution les habitations ouvrières se trouvaient dans un état lamentable. La plupart du temps les ouvriers vivaient entassés dans des sous-sol malpropres ou dans des baraques en bois près des entreprises. La

BAKOU. - *Cité Sink-Razine*
10.000 maisons

guerre a causé de grandes dévastations dans les villes, et si l'on y ajoute la grande augmentation de la population urbaine, on a les causes de la grande crise actuelle du logement.

La politique du gouvernement sur les logements, s'inspirant de la politique de classe, vise en premier lieu à assurer des habitations aux ouvriers de l'industrie et dans ce nombre, aux ouvriers du transport. La législation relative à la perception du loyer est basée sur le principe de classe. Ainsi le loyer des travailleurs (y compris l'eau, la canalisation, l'éclairage) revient, en moyenne, par mètre carré, aux sommes suivantes :

1° Pour un salaire de 41 à 50 roubles, 19 kopecks 8 ;

2° Pour un salaire de 71 à 80 r., 30 k. 8 ;

3° Pour un salaire de 125 à 145 r., 44 k., et ainsi de suite;

4° Pour les éléments *non travailleurs* la taxe minima supplémentaire est de 1 r. 32 k. par mètre carré et par mois.

Le loyer est aussi évalué d'après le salaire, le nombre des membres de la famille, le confort du logement, et la surface habitable occupée. Par exemple, des personnes gagnant 40 roubles par mois, occupant un logement sans eau et canalisation de 32 mètres carrés, paient à Moscou 3 r. 60 ; si le locataire reçoit 80 r. le loyer s'élève à 7 r. 32. En outre les Soviets locaux ont le droit d'établir des réductions pour les familles nombreuses à condition toutefois que cette réduction ne dépasse pas 30 %. du loyer. Les personnes touchant de l'assurance sociale jusqu'à 20 roubles par mois, les chômeurs, les familles des soldats, les étudiants payent 5 kopechs et demi par mois et par mètre carré.

Les éléments non travailleurs payent jusqu'à 10 roubles par mois et par mètre carré.

Le gouvernement soviétique, dès le début de la révolution s'est occupé d'améliorer les conditions du logement des ouvriers. Dans les premières années de la révolution, les ouvriers ont été transférés des banlieues et des sous-sol dans les maisons bourgeoises nationalisées. Là où les ouvriers formaient la majorité des maisons communes ont été organisées.

Nous citons comme exemple la construction d'habitations pour les ouvriers des chemins de fer.

	Au budget	Prêts de la banque d'économie nationale	Total
1. 1925	1.800.000 r.	3.600.000 r.	5.400.000 r.
2. 1926	7.500.000 r.	10.000.000 r.	17.500.000 r.
3. 1927	14.500.000 r.	18.000.000 r.	32.000.000 r.

Au commencement de la restauration économique du pays, le gouvernement a procédé à la construction d'habitation par la voie des coopératives. La construction ouvrière d'habitation revêt deux formes : villes et cités ouvrières. La construction des cités-ouvrières est adaptée au nouveau régime socialiste de l'U.R.S.S. et bénéficie des perfectionnements techniques les plus nouveaux pour l'aménagement des habitations. La coopération ouvrière d'habitation est encouragée par le large soutien du gouvernement, les crédits de banque et de nombreuses faveurs. Les coopératives ouvrières d'habitations sont formées soit par les ouvriers d'une entreprise quelconque particulière, soit par les groupes ouvriers d'un rayon particulier. Toute coopérative ouvrière de construction, dès que ses statuts ont été approuvés, reçoit un prêt dans les banques pour les constructions.

Le logement ainsi construit est la propriété de l'ouvrier, qui la conserve malgré le chômage, ou le congédiement. Pour favoriser la construction d'habitations ouvrières, il est encore accordé en dehors des prêts, de grandes facilités pour le transport des matériaux de construction par le chemin de fer.

Les coopératives possédant des ressources propres dans une proportion de 10 % par rapport à l'emprunt demandé pour la construction d'habitations et donnant des preuves de vitalité, reçoivent des prêts à long terme de la Banque centrale d'Economie municipale et de la construction d'habitations. Ces prêts sont accordés avec un intérêt annuel de 3 %. Les périodes de crédit ont été établies pour 1927 comme il suit : 45 ans pour les constructions en briques et 30 ans pour les constructions en bois. Les coopératives ferroviaires de logement et de construction ont reçu en 1925 des prêts de 3.200.000 roubles de la Banque centrale et 2.800.000 roubles d'autres sources (comité exécutifs, organes économiques, etc.), soit en chiffres ronds 6.000.000 de roubles. En 1926, elles ont reçu 5.000.000 de roubles de la Banque centrale d'Economie municipale et environ 2 millions de roubles de sources locales.

On compte dans les chemins de fer 221 coopératives avec 41.000 membres. En 1924 il y en avait 18 avec 2.000 membres.

La coopération de logement et de construction a devant elle des perspectives favorables de développement ultérieur. Tout d'abord, on prévoit une réduction des intérêts annuels de 3 à 2 %. L'augmentation progressive du salaire des ouvriers du transport, l'exploitation des bâtisses achevées, tout cela permet à la coopération des logements d'accumuler des capitaux, par conséquent de recevoir des prêts plus importants et d'élargir le programme de construction.

En outre, pendant ces trois années précédentes, la coopération de logement a acquis une certaine expérience pratique. Il s'y est formé un cadre de dirigeants habiles, ce qui facilite grandement le développement de la coopération.

Les coopérateurs paient pour leur logement et pour l'amortissement des frais de construction une somme variable suivant la dimension du logement d'une part et le nombre des membres de la famille et le salaire touché d'autre part.

Comités de maisons

Pour administrer et veiller sur les maisons nationalisées, il existe des comités de maisons élus par les habitants des immeubles.

Les membres élus dans ces comités sont rééligibles et révocables à tout moment.

Ces comités existent, mais en petit nombre, ayant été progressivement remplacés par des sociétés de logement ou des coopératives de logement, qui sont chargées de veiller sur les immeubles.

Nous nous sommes rendus compte de l'immense progrès réalisé dans le domaine de l'habitation. Toutes les villes, villages, hameaux que nous avons visité se couvrent de constructions neuves et modernes. Pour les villes les coopératives de construction sont en nombre considérable, les terrains sont choisis avec connaissance, il est tenu compte autant que possible du panorama: aucune cité ouvrière ne se trouve en construction dans un bas-fond, au contraire, les plateaux sont choisis. C'est ainsi qu'à Karkhov, Rostov, Kiev, Dniepropetrovsk, Bakou, etc., les cités sont bâties sur de magnifiques plateaux. Nous pensons qu'il est utile de détailler un peu la cité ou plutôt la ville en construction de Bakou tant par son aspect que par son originalité. Bâtie sur une colline, cette cité est prévue pour 10.000 logements ouvriers, une partie est déjà terminée. Il est inutile nous pensons de dire l'impression toute particulière que produit la vue de cette cité, il nous semble être tombés en pleine exposition, tant les maisons sont différentes par la peinture et l'agrémentation extérieures. Toutes ces constructions sont en pierres. Des avenues larges, des jardins avec plantations de jeunes arbres, des fleurs, des buissons et si l'on examine ce que tout cela exige de dépenses et de soins, car il faut acclimater les arbres sur ce sol sablonneux suant de pétrole et sans eau auparavant. Nous avons visité plusieurs de ces maisons, nous y trouvons les parquets en chêne, le chauffage au gaz de pétrole, éclairage électrique, eau potable, salle de bains dans chaque maison, douches, logement de 3 pièces et 1 cuisine, nous demandons le prix : la camarade occupant une de ces maisons nous répond : pas un centime, mon mari travaille aux puits de pétrole et c'est le trust du pétrole qui bâtit cette cité, puis elle nous montre une petite table sur laquelle au milieu de livres et bien en vue une photographie soigneusement encadrée, représente des ruines enfumées. Voilà où nous vivions avant, nous avons conservé cette photographie, pour ne jamais oublier ce que nous a donné le régime soviétique. Au hasard nous visitons d'autres logements, c'est toujours le même tableau qui s'offre à nos yeux, propreté, ordre régnant dans les maisons. En sortant d'une habitation, un ouvrier du bâtiment travaillant aux constructions nous indique de la main l'entrée d'une caverne sombre dans une colline presque à pic. C'est là que se réfugiait le héros populaire Stenka Razine. Vous êtes ses hôtes dit l'ouvrier et cette cité porte son nom.

Nous avançons vers le centre de la cité, partout des fondations, des bâtisses, ici une école, là un club, un hôpital, un asile pour enfants, de grands travaux en exécution pour le tout à l'égout. Un directeur des travaux nous explique que pour le chauffage on utilise un gaz de pétrole qui autrefois se perdait inutilement et empestait l'air ; des appareils spéciaux le captent et l'amènent par canalisation. Plus loin nous tombons sur un terrain de jeux, un stade construit d'après la dernière technique, avec 5.000 places assises et n'ayant rien à envier à ceux des villes européennes. Nous quittons la nouvelle cité de Stenka Razine, avec un sentiment d'admiration pour les édificateurs de la vie nouvelle en U.R.S.S. Nous pourrions citer d'autres exemples, mais nous pensons que celui-ci est assez édifiant pour que nos camarades comprennent l'immense progrès réalisé par l'U.R.S.S. en matière de politique du logement.

La Coopération

L'ancien régime mettait beaucoup de difficultés pour le développement de la coopération, le peu de coopératives ouvrières qui existaient, étaient gouvernées par les administrations qui ne donnaient jamais aux ouvriers les possibi-

ROSTOV s/ DON - *Cooperative ouvrière de construction. La cité « Jardin Rouge », du syndicat des cheminots du reseau Nord-*

lités de participer à la gestion de ces coopératives ; la plupart servaient d'influence à la bourgeoisie, pour exploiter encore davantage la classe ouvrière.

La coopération actuelle de l'U.R.S.S. se diffère des pays capitalistes par le fait que l'Etat soviétique soutient toujours l'action coopérative et qu'entre le producteur et le consommateur l'intermédiaire est la coopérative, principal canal de distribution des marchandises. Grâce à l'amélioration apportée dans les coopératives d'une part, et à l'assistance de l'Etat d'autre part, dans ces dernières années, les coopératives commencent sérieusement à battre le petit commerce dans le degré où il pouvait exister en U.R.S.S.

La coopération ayant la possibilité de faire ses achats et importations directement sans passer par la multitude d'intermédiaires, ces achats passent immédiatement à la consommation par ses organismes de distribution dans toute l'U.R.S.S. La coopération sert aussi d'intermédiaire entre les collectivités productrices de matières premières et les diverses industries nationalisées. Grâce à cette méthode la coopération peut diminuer le prix et élever le bien-être des masses laborieuses, elle organise les paysans en coopératives de production et oriente les millions de paysans de l'U.R.S.S. sur le chemin du socialisme.

Chaque coopérative a sa commission de contrôle composée seulement de représentants des consommateurs, le but de cette commission est de veiller sur les qualités, l'assortiment des denrées et la défense des consommateurs. Des assemblées de coopérateurs doivent fournir des rapports sur les différentes branches de leur activité. Ces assemblées ont toujours le pouvoir de changer tel ou tel délégué ou la direction entière. Les directions des coopératives sont composées dans les villages par les paysans et dans les villes par des ouvriers.

Les syndicats prennent toujours une part très active dans la coopération, aussi les représentants des syndicats prennent part à tous les travaux des organes directeurs de la coopération.

Structure de la coopération

Il existe plusieurs sortes de coopératives : coopératives de consommation, d'artisans, d'agriculteurs, de logements, etc... Les coopératives de base sont unies entre elles par des Unions de Républiques et ensuite aux Unions de l'U.R.S.S.

L'organe suprême de la coopération de consommation s'appelle Centrosoyous. La coopération agricole fournit aux paysans les instruments agricoles, les crédits pour les paysans pauvres et moyens, et aux collectivités paysannes.

L'organe suprême pour la coopération de l'agriculture s'appelle le Celsoyous.

La coopération des artisans unit tous les petits artisans dans les différentes collectivités et fournit les instruments, outils et crédits nécessaires, son organe suprême est le Vcecampromsoyous.

L'activité des différents organes de coopération est réglée par une organisation centrale pour toute l'U.R.S.S., qui porte le nom de Conseil central inter-coopératives.

Les centres financiers pour tous les genres de coopération ont une banque spéciale qui porte le nom de Vcecobank ce qui veut dire banque centrale des coopératives.

La participation à la coopérative est fixée en moyenne de 5 roubles, pour les paysans le droit d'entrée est moins élevé et peut être payé par parties. En dehors du paiement du droit d'entrée il n'existe aucune autre cotisation.

Le développement de la coopération

Grâce au travail fourni le développement de la coopération se fait d'une façon prodigieuse. Le nombre des coopératives et des adhérents s'accroît d'une façon prodigieuse. Pour la consommation seulement en 1923 on comptait 19.225 coopératives ; en 1924, 22.583, et en 1925, 25.135.

Le nombre des adhérents qui était en 1923 de 6.265.404 membres passe en 1925 à environ 9.000.000.

Dans la coopération agricole les progrès ne furent pas moins sensibles et le nombre des adhérents est en 1925 de 3.500.000. Le mouvement de fonds de roulement pour les coopératives de consommation qui était en 1923-24 de 2 milliards passé à 3 milliards et demi en 1924-25, ce qui porte l'augmentation à environ 71 %.

Les organisations coopératives de l'U.R.S.S. ont mené une longue lutte pour entrer dans les alliances coopératives internationales. Aujourd'hui, elles ont dans les alliances, 11 représentants qui défendent la politique de classe.

Le Centrosoyous a ses sections commerciales pour l'exportation et l'importation à Londres, Berlin, Paris, etc. Les opérations d'exportation et d'importation seulement pour la consommation ont porté sur une somme de 6 millions de livres sterling en 1923-24 et sont passés en 1924-25 pour l'importation seulement et pour les 6 premiers mois de l'année à plus de 2 millions 200.000 livres sterling.

Ce qui marque là aussi l'effort fait en U.R.S.S. pour le développement du mouvement coopératif. Les cheminots sur un peu plus d'un million, sont 800.000 adhérents aux coopératives et possèdent 98 sociétés de transport possédant une centrale, chacune desservant une partie de ligne de chemin de fer, installant des maisons de vente dans différentes villes, possédant des sections roulantes qui, par wagons, vont desservir les cités à proximité des petites gares. Malgré le prix minimum de l'adhésion de 5 roubles pour les ouvriers, 3 roubles pour les paysans, dans aucun cas le nombre de parts ne peut déterminer la représentation à une assemblée délibérante, les adhérents ont droit à un délégué par 250 coopérateurs.

Dans ces réunions il est déterminé la répartition des bénéfices, 10 à 12 % sont généralement consacrés à l'établissement de clubs, de salle de lecture, dans les villages, une autre part pour des achats divers, une part de la ristourne aux adhérents est versée en marchandise, le reste passe au capital. La vente est en moyenne de 75 % aux coopérateurs et de 25 % aux non-coopérateurs. Ces produits sont environ 19 % moins chers que dans le petit commerce particulier.

Dans le commerce de détail les proportions de vente sont : pour les étoffes 70 %, pour le sel, le sucre 75 à 80 %. Le développement de la vente se fait surtout sentir sur les produits alimentaires. Une initiative intéressante est celle de l'adhésion des nécessiteux, les coopératives ayant eu la bonne idée de créer une caisse avec fonds spéciaux destinés à cet usage, voit leurs adhérents augmenter dans une proportion notable. C'est en somme l'avance du droit d'adhésion qui est fait et qui est remboursé par la valeur de la ristourne. On évalue à 5 % des bénéfices les sommes passant dans cette caisse, en 1924-25 il y avait 300.000 roubles, en 1925-26 1.000.000 roubles. Les impôts, les taxes sont beaucoup moins fortes que pour le commerce libre ou même que pour les trusts de l'Etat. Souvent le pouvoir vote de forts crédits pour aider au développement de la coopération en U.R.S.S. Le parti communiste aide par sa propagande, son autorité à créer une atmosphère favorable. Les syndicats font aussi un gros effort pour amener les adhérents à comprendre l'utilité de la coopération. Le gouvernement crée également dans les Universités des cours spéciaux où se forment des cadres pour la coopération qui après leurs études aident puissamment le mouvement coopératif. La presse coopérative en U.R.S.S. se compose de 75 journaux et revues dont un quotidien. Le développement coopératif en U.R.S.S. est un grand pas vers le socialisme. C'est avec joie que l'on visite une grande coopérative ici, quel empressement à satisfaire, et pour nous c'est un contentement de voir cette réalisation qui n'est qu'embryonnaire dans nos pays.

La question agraire et la paysannerie

La question agraire et la révolution d'Octobre

Pendant toute l'histoire de la Russie de l'ancien régime, la question agraire est restée le problème le plus important, le plus complexe et le plus actuel, à cause de la majorité écrasante de la population paysanne. A la veille de la

guerre mondiale, la plus grande partie des meilleures terres étaient entre les mains d'une poignée de grands propriétaires nobles, de l'église et de la famille impériale. La paysannerie végétait dans des conditions de misère inouïe, privée de terre, condamnée à l'ignorance la plus complète, laissée en proie aux maladies épidémiques et implacablement exploitée par les grands propriétaires. La guerre ne causa pas seulement des pertes colossales d'hommes à la population paysanne, mais elle ruina complètement les exploitations paysannes à l'arrière. Tous les soulèvements paysans les plus importants, ceux de 1905, consécutifs à la guerre russo-japonaise, se terminèrent également par une répression écrasante parce qu'il n'y avait pas encore à cette époque une alliance politique étroite entre le prolétariat et la paysannerie. L'union des ouvriers et des paysans et la direction des paysans par les ouvriers, tel était l'un des principes fondamentaux de l'enseignement de Lénine. C'est grâce à cette alliance que la révolution d'Octobre a vaincu, et les paysans guidés par les ouvriers sont arrivés à renverser le gouvernement tsariste et à résoudre la question agraire. Le gouvernement provisoire, les menchéviks et les socialistes révolutionnaires au pouvoir ne l'ont pas davantage résolu. Les lois radicales concernant les terres n'ont été

Exploitation agricole soviétique de Golossievka

publiées que par le gouvernement soviétique, qui, dès les premiers jours de son arrivée au pouvoir, confisqua la terre des grands propriétaires et déclara toute la terre : *propriété des travailleurs*. A la suite de ces mesures, 97 % du sol cultivé passèrent entre les mains de la paysannerie et seulement 3 % resta réservé à l'Etat, alors qu'avant la révolution, la paysannerie ne profitait que de 35 % de toute la terre. En outre, le gouvernement soviétique a mis gratuitement à la disposition de la paysannerie tout l'inventaire agricole et tous les bestiaux des grands propriétaires et de l'Etat pour la terre et lui a assigné pour son usage 21 millions de déciatines de forêts.

Législation agraire du régime soviétique

Conformément à la législation agraire, toute la terre de l'Union soviétique, quels que soient ses détenteurs, ou ceux qui la travaillent, est nationalisée et appartient à l'Etat cuvrier-paysan. Tous les citoyens sans distinction de sexe ou de nationalité ont droit à la jouissance de la terre. La seule et principale condition imposée est le travail de la terre de ses propres mains. La propriété privée de la terre, la vente, l'achat et la mise en hypothèque de la terre sont abolies. On ne peut louer la terre qu'à condition de la travailler avec les propres ressources de son exploitation. On ne peut faire appel au travail d'autrui que si les membres de la famille du cultivateur prennent part au travail avec les ouvriers salariés.

Principales formes de la jouissance actuelle de la terre

1° Exploitation paysanne privée et individuelle; 2° Collectivités agricoles privées (le travail collectif de la terre est beaucoup plus avantageux que le travail individuel surtout pour les paysans pauvres ne disposant pas des moyens de production); 3° Exploitations modèles de l'Etat.

Direction des affaires agricoles

Tout ce qui concerne l'économie agricole dans chaque République est du ressort des Commissariats de l'agriculture. Ces derniers ont des sections provinciales dans chaque gouvernement et dans chaque district. Dans les districts, parmi les paysans, toutes les mesures des organes dirigeants agricoles sont appliquées par des secteurs agronomiques ayant à leur tête des agronomes. Beaucoup de paysans prennent part au travail des organes agricoles dirigeants. Le Commissaire du peuple à l'agriculture est un paysan. Le président du tribunal agricole suprême (examinant les litiges des paysans par rapport à la terre) est un paysan sans parti, etc...

Principales mesures du Commissariat du Peuple
pour l'Agriculture

Les principales mesures du Commissariat du peuple pour l'agriculture, d'accord avec la politique paysanne du P.C. panunioniste (bolchévik), avec les résolutions des congrès du parti communiste et des Soviets, visent au développement des forces productrices de l'économie paysanne. Le soutien de l'Etat a, surtout pour but d'encourager les paysans pauvres ou moyens comme contre-partie aux paysans riches ou « koulaks ».

Par exemple l'impôt agricole est calculée de façon qu'il retombe surtout sur les éléments riches du village. 15 % des paysans rentrant dans la catégorie des koulaks paient 47 % du total de l'impôt agricole et 25 % de paysans sont complètement affranchis de cet impôt.

Dans ce programme le rôle principal est joué par la coopération agricole qui fournit aux paysans des semences, du bétail, des crédits en argent, des instruments agricoles et qui organise les paysans en coopératives de production pour la fabrication du beurre, du fromage, pour la préparation des peaux, la transformation de la pomme de terre, etc... En relevant l'aisance des entreprises paysannes pauvres et moyennes, la coopération agricole, qui se développe d'année en année dans la campagne, mène les paysans dans la voie de l'économie agricole collective et socialiste.

Le gouvernement soviétique poursuit énergiquement l'électrification du village. Avant la révolution l'électricité n'était presque jamais installée au village (de 1922 à 1925 le gouvernement soviétique a électrifié la demeure de plus de 100.000 paysans), ce qui doit concourir rapidement et

puissamment à l'essor de l'économie paysanne. La coopération et l'électrification du village, telle est la double voie
par laquelle le régime soviétique, dans les conditions de la
dictature du prolétariat et de l'industrie se trouvant entre
les mains des ouvriers, conduit la paysannerie au socialisme.

TIFLIS - *Le Palais des Paysans*

En outre, l'Etat aide les paysans à exécuter toutes sortes
de travaux d'amélioration, à dessécher les marais, à réaliser
un meilleur aménagement de la terre, à cultiver le sol d'une
façon plus intensive, à lutter contre les mauvaises récoltes
et contre la sécheresse et mène une large propagande d'éducation culturelle, agronomique et sanitaire dans les villages.
La paysannerie elle-même prend une part active à tout ce
travail dans les organes ruraux.

On peut juger de l'accroissement et de l'essor de l'agriculture par les chiffres suivants :

La production globale de l'agriculture et de l'élevage dans l'U.R.S.S. (aux prix d'avant-guerre) était évaluée en 1921-1922 à 5,7 milliards de roubles, et en 1925-1926 à 10,4 milliards de roubles. Pendant une courte période il s'était produit ainsi une augmentation de 32 %.

Après la visite au musée agricole

La délégation a eu l'occasion, au cours de ses visites à travers la Russie, d'assister à un congrès de paysans, à Kiev. Elle a pu se rendre compte par le nombre de délégués paysans présents l'intérêt qu'ils portent à examiner toutes les questions les intéressant, et comme les camarades ouvriers, ils entendent conserver et consolider le régime qui leur a donné la terre. Nous avons pu parler avec certains d'entre eux connaissant un peu le français appris pendant la guerre ; ils nous ont dit qu'aucune comparaison n'est

possible entre leur situation actuelle et celle sous l'ancien
régime: « Aujourd'hui la solidarité existe entre les paysans,
et si un village ou une région se trouvent privés de leur
récolte, la région sinistrée fait une demande de secours
au soviet régional ou central ; jamais nous n'avons essuyé
de refus, tandis qu'autrefois on pouvait demander, implo-
rer, rien n'était fait. »

« Maintenant, ajoutent-ils, les mauvais jours sont passés,
nous pouvons regarder l'avenir en face et cela grâce à quoi ?
Nos insignes le disent, grâce à notre alliance avec nos frères
ouvriers. »

Inspection ouvrière et paysanne

L'Inspection ouvrière et paysanne est l'organe de contrôle
politique de classe des travailleurs. Elle a pour tâches principales :

1°. La lutte contre le bureaucratisme, contre les abus
et la mauvaise gestion, et aussi contre l'indifférence et la
négligence des institutions administratives et économiques
de l'Union soviétique en ce qui concerne les besoins des
ouvriers et des paysans.

Dans ce but, les commissions de revision, ne se bornant
pas à recevoir les plaintes, vérifient l'activité des directeurs
et des collaborateurs des institutions et contrôlent leur activité financière et économique. Au cas où elle découvre des
abus, l'Inspection ouvrière et paysanne ouvre contre les
coupables des poursuites administratives et judiciaires.

2° La deuxième tâche de l'Inspection ouvrière et paysanne consiste dans l'étude et la mise en pratique de la
rationalisation de l'appareil gouvernemental, de son per-
fectionnement et de son adaptation aux exigences de l'édification socialiste.

L'électrification dans l'U.R.S.S.

L'électrification de l'Union soviétique est l'une des tâches les plus essentielles du gouvernemnt soviétique. Déjà pendant les premières années de la révolution, Lénine était le principal initiateur et inspirateur de larges projets d'électri-

Gare électrique de Bakou (intérieur)

fication de l'U.R.S.S. « Le socialisme, disait-il, c'est le pouvoir soviétique plus l'électrification ». L'importance exclusive de l'électrification dans l'Union soviétique s'explique principalement parce que c'est le meilleur moyen de transformer promptement les petites économies des millions de petits paysans en des économies de grande industrie. L'électrification et la coopération sont les voies par lesquelles les paysans russes en accord avec le prolétariat

des villes marcheront vers le socialisme. L'électrification
sert aussi au rétablissement et au relèvement de l'industrie en ville ; c'est pourquoi toutes les fabriques et usines
sont soumises au rééquipement conforme à ce but, ainsi
que l'exploitation des richesses naturelles exclusives de
l'U.R.S.S., qui n'étaient presque pas exploitées et peu ou
pas étudiées avant la révolution. La tendance du gouver-

Gare électrique de Bakou (extérieur)

nement soviétique de démocratiser l'éclairage électrique
joue également un grand rôle. L'éclairage électrique était
presque complètement inconnu au village et dans les quar-
tiers ouvriers sous le régime tsariste. La valeur de l'énergie
électrique en ville, avant la révolution, était de 25 kopecks
le kilowatt, maintenant il est de 16 kopecks. Les fleuves
nombreux, le charbon, forment une base solide pour le
développement de l'électrification de l'U.R.S.S. Cependant

les stations électriques régionales n'existaient pas avant la révolution. Il n'y avait que des stations municipales d'usage public dans les grandes villes.

En 1920, sur l'initiative de Lénine, une commission d'Etat pour l'électrification de la Russie fut créée (Goelro). Cette commission a élaboré un projet de construction de 30 stations électriques régionales avec une force totale de 1 1/2 million de kilowatts dans le courant de 10 ans. Ce programme doit être accompli pour l'année 1931, car les travaux de construction s'effectuent avec une rapidité fébrile dans beaucoup d'endroits avec l'aide des banques d'Etat et des ressources locales.

Pour la construction des stations régionales on tient compte des particularités économiques et industrielles des régions données et de leur développement futur.

Depuis l'année 1921, ce plan a commencé à se réaliser : de 1922 à 1924 la quantité de kilowatts a augmenté de 12.000 en 1925, de 62.000, et en 1927 l'augmentation annuelle sera de 250.000 kilowatts.

Au commencement de 1927, 9 grandes stations régionales avec une force totale de 183.000 kilowatts seront mises en marche. Outre cela 7 stations en Ukraine, dans le Caucase, au Turkestan et autres endroits sont en construction, et 7 autres stations, avec la force totale de 27 kilowatts, vont être élargies. L'électrification partielle des chemins de fer (du réseau de Moscou et de Léningrad) est également en train de s'effectuer. Un arrondissement du chemin de fer transcaucasien (Khochuri-Semcrofoni) est électrifié et fonctionne déjà.

Les stations régionales les plus importantes sont :

1. Volkovstroi, de la région de Léningrad, dont l'industrie a acquis une importance nationale, qui est cependant très éloignée des sources de combustible. « L'hydrostation de Volkhovstroi a son histoire et nous pensons utile de l'expliquer.

Bien avant 1914, des recherches furent entreprises et des plans établis pour élever sur l'emplacement actuel une centrale électrique, mais afin d'empêcher la construction, et pour des raisons d'intérêts, les propriétaires des usines existantes autour de Léningrad se rendirent acquéreurs des terrains se trouvant de chaque côté de la rivière Volkov, à l'endroit même où devaient se faire les travaux. Ceci démontrent une fois de plus qu'au temps tsariste, les intérêts collectifs étaient subordonnés aux intérêts particuliers.

C'est ainsi que jusqu'en 1919, rien ne fut réalisé. A cette époque, Lénine jugea d'après ses plans la nécessité immédiate d'entreprendre les travaux (déjà en 1917, il en avait exigé la réalisation, mais la situation ne le permit pas).

Ceux-ci commencèrent donc au moment où les troubles existaient encore et malgré les attaques des armées blanches dirigées par Youdenitch, ils se poursuivirent avec volonté et entrain. Ce chef-d'œuvre va être terminé et fonctionnera à partir de janvier 1927, son prix de revient aura été de 90.000.000 de roubles. 13.000 ouvriers auront travaillé à la construction, et actuellement 3.000 sont encore occupés aux derniers travaux, y compris le montage de 10 turbines (8 de 10.000 chevaux et 2 de 1.400 chevaux), 10 générateurs à axes verticales, 9 transformateurs, tableaux de distribution, etc... La station remplacera 1.200.000 travailleurs et donnera une force égale à 45 % de toute la force nécessaire de l'industrie de Léningrad, elle donnera une économie de 288.000.000 de kilos de charbon par an ; le prix de l'énergie électrique sera 2 fois au moins meilleur marché qu'à présent.

La production sera en moyenne de 50.000 kilowatts-heure, et la tension de 115 à 120.000 volts.

N'oublions pas de dire que pour élever cette usine, il a été nécessaire de défricher une forêt sur plusieurs hectares, et de construire tout un village pour l'habitation des ouvriers.

Celui-ci se compose de coquets pavillons en bois pour 1 ou 2 ménages, d'autres sont utilisés pour les bains, douches, théâtres, clubs, coopératives, hôpitaux, infirmeries, librairies, crèches.

Là, comme ailleurs, toutes les difficultés ont été surmontées d'une façon admirable et aujourd'hui tous ses efforts sont couronnés de succès.

Pour sa construction, on a employé plus de 16.000.000 de kilogs de fer, 80.000.000 de kgs de ciment, 5.000.000 de pieds cubes de bois (pieds anglais), 5.000.000 de briques.

L'hydrostation de Volkhovstroi diminuera la dépense annuelle du chauffage pour l'industrie de Léningrad de 40 millions de roubles, diminuera également la surcharge du transport et servira de début pour l'exploitation des richesses forestières de la région de Léningrad.

2. La station de *Sterov*, également très importante, dans la région du Donbass, dessert 58 mines principales du Donbass et les villes voisines : Taganrog, Rostov et autres. Cette station se sert de rebuts de houille, elle est partiellement en marche, elle travaille entièrement au printemps.

3. La station de Kachira et de Chatourka desservent la région de Moscou.

4. La station de Semo-Avgalskaya dessert Tiflis (Caucase) et d'autres villes.

Dans l'année courante commenceront les travaux de construction de l'hydrostation électrique du Dnieper, avec une force limitée de 650.000 chevaux.

Nous pouvons dire que ce sont des chefs-d'œuvre de hardiesse et de volonté. Leurs constructions imposantes en ciment armé auxquelles nos architectes occidentaux n'ont rien à reprocher. Leur matériel électrique puissant et moderne, l'activité fébrile qui y est développée, la fierté avec laquelle les camarades responsables nous ont présenté leurs œuvres démontrent que le prolétariat russe attache une importance capitale au problème de l'électrification, source de richesses immenses pour la nouvelle Russie.

Dans les tribunaux soviétiques

Sous le régime tsariste toute la magistrature était aux ordres de la bourgeoisie. Les fonctions des juges n'étaient accessibles qu'aux nobles et aux riches bourgeois.

A tous les échelons de la procédure tsariste, les jugements rendus étaient des verdicts de classe.

Les ouvriers et paysans n'avaient aucun droit de représentation aux jurys des divers tribunaux.

Dans toute l'U.R.S.S. la justice est rendue par les mêmes organes judiciaires : 1° *Le tribunal populaire de district;* 2° *Le tribunal provincial;* 3° *Le tribunal suprême.*

Les principes fondamentaux de la procédure judiciaire soviétique sont : l'exercice de la justice exclusivement par les ouvriers, l'éligibilité des juges et des assesseurs du peuple par les Soviets, la sauvegarde des conquêtes du régime ouvrier et paysan et la défense des intérêts et des droits des travailleurs.

Le tribunal du peuple se compose d'un juge permanent et de deux assesseurs du peuple. Ces derniers élus par les organisation ouvrières et paysannes.

La composition sociale de ces membres élus une fois par an pour une période de 2 ou 3 semaines, est la suivante :

Cinquante pour cent des assesseurs sont ouvriers ; 35 % paysans, 15 % soldats. Le tribunal populaire est la première instance pour les affaires civiles et criminelles. Les infractions aux lois sur le travail sont examinées dans des sessions spéciales du tribunal populaire dites *Sessions des conflits du travail.* Les affaires plus complexes sont du ressort des *tribunaux provinciaux*, et le *tribunal suprême* connaît des affaires exceptionnelles. Dans le règlement des affaires, les voix des juges et des assesseurs du peuple ont une égale autorité. Le parquet est chargé de veiller sur la légalité des actes de tous les organes du pouvoir. Les honoraires des avocats sont fixés pour les ouvriers et les employés d'après un tarif spécial approuvé. Les personnes nécessiteuses sont dispensées de rémunérer l'avocat. L'appel est admis à tous les échelons de la procédure.

Une partie des affaires ayant une importance sociale particulière sont jugées sous forme de *procès exemplaires* dans les locaux des clubs ouvriers avec la large participation des ouvriers.

Dans l'application des mesures de défense sociale, la législation soviétique fait appel de plus en plus souvent aux moyens de rééducation et aux sentences conditionnelles. Au lieu de condamner à l'emprisonnement, elle envoie les criminels dans les colonies de travail, colonies agricoles et ateliers.

Nous avons eu la possibilité de visiter des prisons, une d'elles, à Moscou (isolateur Lefortov), nous a permis de nous rendre compte du travail de rééducation qui y est fait. Les prisonniers, pourtant condamnés à des peines très graves, ne portent aucune tenue spéciale, les uns et les autres portent les cheveux et la barbe comme bon leur semble, les gardiens ne sont pas armés, aucune cellule n'est fermée, et les prisonniers qui ont voulu discuter avec nous ont pu le faire en toute liberté ; nous avons rencontré là toutes sortes de condamnés, chacun d'eux travaille. Dans cette prison, il y a des ateliers de tissage, des ateliers de coupe, de confection et des machines à tricoter. Les prisonniers sont astreints à 8 heures de travail, repos hebdomadaire, ils reçoivent le même salaire que les ouvriers libres de la même industrie, leur salaire est partagé en 4 parties. 25 % sert pour tous les frais occasionnés par leur entretien, nourriture, blanchissage, etc., 1/4 leur est remis pour leurs besoins personnels, le reste est placé en compte sur un livret qu'ils touchent à leur sortie de prison, ou est envoyé à la famille. Leur gain, suivant l'aptitude, peut aller jusqu'à 60 roubles par mois. Au point de vue éducation, une école fonctionne pour illétrés le matin, et une autre le soir pour ceux ayant déjà de l'instruction. Il existe un club dans l'ancienne chapelle de la prison, avec sports, musique, jeux, échecs, dames, etc., théâtre, des conférences ont lieu, les prisonniers lisent les journaux, le théâtre donne spectacle 2 fois par mois, il est fait de temps en temps appel aux artistes des théâtres de Moscou. Il existe une bibliothèque très bien tenue. Pour les journaux, il y a 119 abonnements, 50 % sont payés par l'administration, 50 % par les prisonniers. Aux questions posées, les uns et les autres nous disent ne pas être traités en prisonniers, mais en hommes.

Une autre prison visitée, à Moscou aussi, celle de Novinsky, est une prison de femmes. Là des prisonnières travaillent à la blanchisserie, à la couture, les conditions sont les mêmes que pour les hommes au point de vue salaires et rééducation, en plus il existe une crèche pour celles ayant des enfants. Les prisonniers, hommes ou femmes, finissent rarement leurs peines, car lorsqu'ils font preuve de bonne volonté au travail, leur peine est diminuée et ils sont rendus à la vie libre, et rien ne subsiste quand un prisonnier a terminé sa peine. Il nous paraît utile d'indiquer que la visite d'une prison russe laisse l'impression nette que les prisonniers sont plutôt dans un centre de rééducation morale plutôt que d'être soumis aux volontés de garde-chiourmes. Aucune marque extérieure sur eux, rien ne les distingue des travailleurs libres qui viennent travailler comme instructeurs au milieu d'eux. Un ancien prisonnier libéré depuis déjà quelque temps, continue de travailler là et est devenu instructeur.

Concessions

Pour favoriser l'essor des forces productrices du pays, le gouvernement soviétique a eu recours au système des concessions, qui présente une exception à la législation générale en vigueur et garantit les droits des concessionnaires par des mesures législatives spéciales. Cependant dans leur activité, les concessionnaires sont tenus de se conformer aux décrets et aux dispositions générales du gouvernement ainsi qu'à certaines conditions particulières suivant l'industrie et la production de celle-ci. En ce qui concerne les ouvriers, le concessionnaire est obligé d'observer toutes les formes établies par le code du travail actuellement en vigueur dans l'Union soviétique. Les déviations qui se sont produites dans certaines entreprises concessionnées relativement aux salaires et aux conditions des autres ouvriers dans l'U.R.S.S., ont amené des grèves qui se sont toujours terminées par la victoire des ouvriers et par la satisfaction de leurs réclamations. (On peut citer comme exemple la grève qui a éclaté cette année, dans l'entreprise anglaise de l'Indotélégraphe, ainsi qu'à la concession anglaise de Poliesky (Oural).

Les principaux domaines dans lesquels opère le capital des concessionnaires sont les mines, les forêts, le pétrole et l'agriculture. Quant aux concessions purement commerciales, le gouvernement y met toujours comme condition obligatoire la participation de ses organes économiques et ces concessions commerciales prennent la forme de sociétés mixtes. Dans la conclusion de contrats de concession, le gouvernement veille avec le plus grand soin au maintien des intérêts de la République ouvrière et paysanne.

Toutes les affaires de concessions ressortent du comité principal de concession près le Conseil des Commissaires du peuple de l'U.R.S.S.

L'augmentation des offres étrangères est sensible d'année en année. En 1922 le gouvernement soviétique a reçu de divers pays 338 propositions, et 607 en 1923. Cependant, 5,4 % de toutes ces offres en 1922 et 7,3 % en 1923 ont seulement abouti à des contrats de concession.

Dans l'Oural, nous avons visité la fonderie de cuivre de Polievsky, concession anglaise se trouvant dans la région de Sverdlovsk, (Oural).Celle-ci a été accordée en novembre 1924, pour une durée de 50 ans, deux mines de cuivre se trouvant, l'une à 1 kilomètre, et la deuxième à 4 kilomètres de l'usine, ont été concédées. La production moyenne de l'usine varie suivant la qualité du minerai et atteint de 150 à 200 tonnes par mois de cuivre en lingots.

L'Etat soviétique se trouvant encore devant certaines difficultés commerciales avec les puissances capitalistes, et ayant le souci des intérêts du prolétariat, n'autorise l'exportation que dans une proportion de 25 %, le reste devant être vendu à l'industrie de l'U.R.S.S. et suivant les prix fixés par une commission.

Comme l'organisation syndicale existe là aussi bien qu'ailleurs, les droits des ouvriers sont respectés par le concessionnaire qui verse au comité d'usine dans les mêmes conditions que les usines d'Etat une somme allant jusqu'à 2 % du total des salaires payés aux ouvriers, et aux assurances sociales une somme égale à 20 % des salaires payés. Les salaires sont payés, suivant les catégories et dans les mêmes proportions que pour les ouvriers de l'industrie de l'Etat. Toutes les lois sociales sont respectées, repos, congés, maladie, etc...

Les conflits sont réglés par la même procédure que pour les industries d'Etat.

Organisation de la défense du pays

L'armée rouge et la flotte sont organisées à l'image de
l'Etat ouvrier et paysan. Seuls les travailleurs ayant atteint
21 ans sont appelés au service militaire. Les éléments non
travailleurs ne sont incorporés que dans les services auxiliaires. Le corps des officiers de l'armée rouge est composé
d'ouvriers et de paysans dans une proportion dépassant
80 %.

La durée du service dans l'armée est de 2 ans. Afin que
le service prolongé dans l'armée ne déshabitue pas les
ouvriers et les paysans du travail producteur et de leurs
occupations locales, il n'y a chaque année qu'un nombre
déterminé de conscrits appelés au service dans l'armée permanente, tandis que les autres sont renvoyés à la maison et
incorporés dans les formations territoriales locales. La présence dans les formations territoriales ne dépasse pas 2
mois par an pendant 4 années et pour toute la période de
service ne dépasse pas 5 mois. Dans l'U.R.S.S., l'armée n'est
pas seulement employée pour défendre le pays, mais aussi
pour l'édification socialiste et la discipline militaire est profondément pénétrée de l'esprit amical de classe. Tout en
faisant l'apprentissage du métier de soldat, les recrues suivent des cours instructifs et la classe libérable se divise en
plusieurs groupes pour l'étude des différentes branches de
l'économie nationale. L'armée n'est pas tenue comme dans
les pays bourgeois à l'écart du reste de la société : un contact étroit continue entre l'armée et le syndicat et les asso-
ciations professionnelles patronnent souvent les régiments.

Les familles des soldats au service ou démobilisés, les
invalides de l'armée rouge, jouissent d'un certain nombre
de privilèges, au point de vue des impôts, du logement, de
l'approvisionnement en chauffage, de l'éducation des enfants. Les soldats rouges démobilisés sont engagés au tra-

vail sans délai. Sous le tsarisme, de nombreuses minorités nationales étaient exclues de l'armée, comme ne jouissant pas de la confiance. Le gouvernement soviétique a organisé des formations nationales dans lesquelles l'enseignement est donné dans les langues nationales.

Si un soldat ne touche pas plus qu'un soldat français, en revanche sa famille y compris les parents, ont des avantages matériels, pour le logement, pour les impôts, etc. Quand le travailleur soldat a terminé son temps il est repris dans son ancien emploi. Chaque soldat reçoit une éducation générale pendant son séjour à la caserne, s'instruit et retourne dans ses foyers possédant des connaissances générales qui lui donnent la possibilité de mieux assurer son existence. C'est ce qu'on ne peut pas dire d'un soldat français.

Un élève officier de deuxième classe (grade de caporal en France) gagne 3 roubles, un élève officier de troisième classe (grade de sergent) gagne 4 roubles et 38 kopecks.

Ce sont les syndicats ouvriers, qui choisissent et désignent les élèves officiers.

C'est bien l'armée prolétarienne, armée de défense nationale limitée dans ses classes actives, mais profonde et puissante par ses millions d'hommes, inattaquable et invincible parce que, unie et vibrante de volonté et de foi.

A notre départ, le commandant nous demande d'écrire nos impressions sur un registre particulier, non loin de celles très polies et diplomatiques du général français Mouron. Nous nous empressons de le faire.

C'est cette armée que nous avons vu défiler sur la place Rouge le dimanche 7 novembre, 9e anniversaire de la Révolution, calme, mais résolue à défendre la Révolution contre toutes les attaques.

La presse dans l'U. R. S. S.

Dans la vieille Russie d'avant la Révolution, comme d'ailleurs dans tous les Etats bourgeois, on ne voyait se déployer à la surface de la vie sociale que les journaux monarchistes ou libéraux-bourgeois. Quant à la presse ouvrière, elle était réduite à la vie clandestine, elle était interdite et devait se frayer une voie invisible à l'insu des fonctionnaires de la bourgoisie et de la noblesse.

L'année 1905, marqué par les premiers efforts des ouvriers et des paysans russes pour marcher contre la citadelle du tsarisme, fut la plus favorable pour la presse ouvrière ; mais même alors les organes des bolchéviks. *En Avant, L'Ouvrier, Le Prolétaire,* ne purent obtenir le droit d'existence légale et les journaux ouvriers qui essayèrent de paraître légalement étaient sans cesse suspendus et supprimés : *la Vie Nouvelle* vécut un peu plus d'un mois ; *le Travail* et *la Rumeur* ne publièrent qu'un seul numéro, etc... Mais en revanche des journaux comme le *Novoie Vrémia* ou *les Nouvelles de la Bourse* dévoués aux de citer comme exemple les cadets russes (ancien parti intérêts du Tsar et de la bourgeoisie, étaient soutenus matériellement et moralement par le gouvernement.

Les libéraux des pays bourgeois aiment à se poser en défenseurs de la liberté de la presse, mais toutes leurs protestations de tendresse en faveur de la liberté de la presse ne sont que mensonges effrontés et calculés. Il nous suffira constitutionnel-démocrate). Leur projet de loi sur la presse commence par une déclaration solennelle et pompeuse en faveur de la liberté de la presse : la presse est libre... mais nous lisons un peu plus loin que les cadets avaient une façon très particulière de comprendre la liberté de la presse. Pour avoir le droit de publier un journal il fallait d'abord recevoir l'autorisation de l'administration. Mais l'administration était libéralo-tsariste. Aussitôt qu'un numéro était imprimé, il fallait immédiatement en présenter deux exemplaires au procureur (également tsariste) qui pouvait arrêter immédiatement la diffusion du journal déjà imprimé ; si l'auteur exprimait dans le journal des idées désagréables au gouvernement, il risquait, d'après ce projet trois années de détention dans une prison ou même 8 ans de travaux forcés...

Cette petite référence historique nous montre clairement que la liberté de la presse n'a jamais existé, que cette dernière a toujours été et reste un instrument de lutte de classe et d'oppression de classe et qu'enfin, dans le domaine de la presse chaque gouvernement poursuit la politique de la classe dont il représente les intérêts.

Quelle est la situation de la presse (nous parlons seulement des journaux) dans l'U. R. S. S. ? Commençons tout d'abord par citer quelques chiffres comparatifs. Avant la guerre le tirage quotidien des journaux atteignait environ 2 millions 1/2 de numéros. Maintenant il atteint 5 millions. Mais ce chiffre ne nous donne pas un tableau absolument exact : la majorité des journaux paysans dans l'U.R.S.S. ne paraît en général qu'une ou deux fois par semaine. Il serait donc plus juste de prendre non pas le tirage quotidien moyen, mais le nombre de tous les numéros publiés en une fois par les journaux de l'U.R.S.S. en 1925, ce qui nous donne 7 millions 1/2 ; ajoutons que ces chiffres sont maintenant dépassés.

Il n'est pas non plus sans intérêt de considérer le chiffre général de la statistique en ce qui concerne le développement des journaux dans l'U.R.S.S. : on comptait avant la guerre 800 dénominations diverses, maintenant on n'en compte plus que 589. Progrès ou régression ? C'est incontestablement un progrès : ceci nous montre que les intérêts des lecteurs se sont différenciés, sans tenir compte cependant des intérêts égoïstes et des goûts particuliers. Le lecteur actuel est devenu coopérateur, syndiqué ou agriculteur et il confond ses intérêts avec ceux des autres citoyens qui sont comme lui coopérateurs, syndiqués, agriculteurs et il accorde ses préférences à l'organe de la presse qui défend les intérêts de la catégorie à laquelle il appartient. Ce fait est encore confirmé indirectement par cette constatation, qu'avant la guerre, 3/4 du tirage de tous les journaux appartenaient à Leningrad et à Moscou, c'est-à-dire aux agglomérations principales de concentration des marchands et des fonctionnaires. Les ouvriers et les centres industriels ne lisaient presque pas ces journaux et se contentaient de la littérature interdite et illégale.

Maintenant cette corrélation a complètement changé : le noyau fondamental des lecteurs ne se recrute plus parmi les fonctionnaires, les petits bourgeois, mais parmi la masse des ouvriers. Le type des journaux ainsi que les méthodes elles-mêmes du travail de la presse, se sont modifiés en conséquence.

Pour faire mieux comprendre ce nouveau type de journal et ces nouvelles méthodes du travail de la presse, prenons pour exemple *Goudok* (le Sifflet de la Locomotive), organe du C.C. des cheminots, qui passe à bon droit pour l'un des meilleurs journaux ouvriers de masse dans l'U.R.S.S.

Pour qu'un organe mérite véritablement le nom de journal de masse il doit tout d'abord répondre à deux conditions fondamentales, notamment : 1. Le journal de masse doit prêter une attention dévouée aux réclamations de son lecteur et les satisfaire opportunément. 2. Le journal de masse doit nécessairement faire place dans ses colonnes à la voix même des masses. Celles-ci ne lisent pas seulement le journal, mais contribuent à l'approvisionner de matériaux correspondant à leurs besoins.

Ces deux conditions fondamentales ont été complètement réalisées par le *Goudok*. Si nous parcourons rapidement la teneur de ce journal pendant les deux ou trois dernières années, nous voyons des progrès continuels aux points de vue de la variété, de la complexité et de la profondeur dans toutes les rubriques : politique, communiste, syndicale, vie ouvrière et production. On voit que l'augmentation des exigences du lecteur est accompagnée par un développement parallèle du journal, qui ne permet pas un seul instant l'interruption du contact. Lorsque au moment du recrutement de Lénine, des centaines de milliers d'ouvriers entrèrent dans le parti, ils avaient naturellement besoin de connaître l'histoire du parti, l'histoire de la lutte léniniste. Que fait alors le *Goudok* ? Il commence par donner la biographie des chefs afin d'instruire tout d'abord les nouveaux venus de l'histoire du parti. Quand cette besogne est terminée, *Goudok* se met au travail idéologique et systématique et imprime l'*A. B. C. du Communisme*. Il a toujours procédé de même dans toutes les questions de politique générale et d'économie : dès que le lecteur manifeste le désir de se reconnaître au milieu de toutes les nouvelles données par le télégraphe et le radio sur la vie de l'U.R.S.S. et des pays étrangers, il vient immédiatement à son secours et imprime une série d'articles systématiques sur « Nos Voisins », « Les Voies conduisant au communisme », « l'Economie de l'U.R.S.S. », etc... Il en est de même pour toutes les questions de la vie syndicale ouvrière : toutes les questions, tous les faits, demandant un commentaire ou des réflexions et surgissant dans l'esprit de l'ouvrier trouvent immédiatement place dans les colonnes du journal : le rapprochement avec le village, la coopération, la protection du travail, la lutte pour la participation des femmes à la vie sociale, l'alcoolisme, les relations familiales, etc... tout cela a été non seulement traité en temps opportun, mais encore commenté dans une langue et sous une forme répondant pleinement au niveau de développement et aux façons de penser de l'ouvrier. Cette attention aux besoins du lecteur et cette habileté à y répondre, garantissent au journal un accueil favorable auprès des masses ouvrières : d'après les derniers renseignements, le *Goudok* compte actuellement 17.000 correspondants ouvriers permanents et inscrits ou fortuits, qui envoient chaque jour de 300 à 400 lettres à la rédaction. La rédaction ne peut pas naturellement utiliser toute cette correspondance pour le journal, mais ces lettres sont lues attentivement, sont classées et elles servent à dresser le plan du journal pour une période quelconque de temps. Ces rapports mutuels permanents entre la rédaction et les lecteurs, ces courants continuels allant du centre à la périphérie et inversement sont les marques principales d'une bonne organisation du journal de masse. Voici quelques chiffres sur le développement du *Goudok* pendant les dernières années :

Augmentation du tirage

Janvier 1924	190.000	exemplaires
Janvier 1925	255.000	—
Janvier 1926	315.000	—

Correspondance avec la province

Juin-décembre 1925	41.412	lettres
Janvier-juin 1926	44.559	—

Correspondants ouvriers

	Permanents	Fortuits
Au 1ᵉʳ janvier 1925........	2.297	10.000
Au 1ᵉʳ janvier 1926........	2.798	12.000
Au 1ᵉʳ novembre 1926......	3.995	14.000

Si nous cherchons maintenant la proportion dans laquelle le journal est lu par les membres du syndicat, nous trouvons en moyenne *un numéro de journal pour 4 membres du syndicat* (la proportion la plus haute est fournie par les lignes Syzran-Viazma et Sud-Est : un exemplaire pour 3 membres du syndicat). Il faut encore souligner un procédé spécial qui permet de servir encore mieux les intérêts des différents groupes de lecteurs du transport. Ce sont les pages de zone : deux fois par semaine, le *Goudok*, outre la partie générale, consacre des pages de zone à certaines lignes. Les numéros du journal ayant ces pages de zone, sont envoyés seulement sur les lignes auxquelles ces der-nières sont consacrées ; ces pages variées permettent de traiter la vie de chaque ligne de chemin de fer jusque dans ses détails.

Deux fois par semaine, le *Goudok* donne 2 pages en ukrainien, afin de servir les intérêts de la minorité nationale la plus importante.

En résumant ce que nous venons de dire au sujet des journaux dans l'U.R.S.S., nous tirons les conclusions sui-vantes :

1. L'U.R.S.S. est le seul pays au monde où la presse ouvrière est réellement libre.

2. Le tirage général des journaux dans l'U.R.S.S. est trois fois plus important qu'avant la révolution et continue à augmenter sans arrêt.

3. La teneur des journaux nous montre que le niveau culturel et politique des masses s'est également augmenté d'une façon sensible.

4. Le mouvement des correspondants ouvriers assurant une liaison immédiate et vivante entre le journal et les masses garantit en même temps le développement continuel ultérieur de la presse dans l'U.R.S.S.

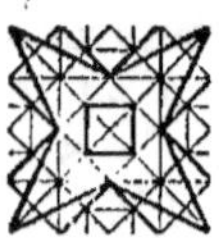

Dictàture du Prolétàriàt

Lorsque la bourgeoisie et ses valets de plumes, traitent de la Dictature du Prolétariat, ils écrivent « *Dictature sur le Prolétariat* ». C'est le langage du mensonge et nous ne les suivrons pas. Nous qui avons parcouru les Pays de l'U. R. S. S., qui avons causé avec les ouvriers et les paysans, nous déclarons que c'est la *Dictature du Prolétariat* partant des Usines et des Champs, qui s'exerce de la base au faîte des institutions soviétiques.

Sur la *Dictature du Prolétariat*, dans la maladie infantile du Communisme, Lenine a écrit :

« La Dictature du Prolétariat, c'est la guerre la plus absolue et la plus impitoyable d'une classe nouvelle contre son ennemi *plus puissant*, contre la bourgeoisie dont la résistance est *décuplée* par son renversement même, ne fusse que dans un seul Pays et dont la puissance est composée non seulement de la force du Capital International, de la force des liaisons internationales de la bourgeoisie, mais encore de la force de *l'habitude*, de la force de la *petite production* ».

Nous donnons cette citation, car elle démontre clairement ce que contient en elle « *La Dictature du Prolétariat* » et la nécessité de son application après 10 années victorieuses de régime Soviétique.

Au cours de notre voyage, nous avons pu vérifier la somme d'énergie révolutionnaire du prolétariat de l'U. R. S. S. et mesurer l'étendue de son effort constructif dans la voie de l'édification du Socialisme dans un seul Pays.

Mais nous avons compris que le mur des difficultés n'était pas complètement franchi; que la bourgeoisie agressive et sous différents masques, était toujours à l'affût, en quête d'une revanche.

La route que doit suivre l'U. R. S. S. pour sa restauration économique, pour le développement de sa base politique, est pleine d'obstacles, car l'ennemi, la bourgeoisie, ne veut pas s'avouer vaincu.

Après la guerre impérialiste, qui en 1917, dressa tous les pays impérialistes contre la Révolution Russe triomphante, après la politique clémenciste du fil de fer barbelé et la guerre sauvage des brigands : *Youdenitch, Kolchak, Wrangel, Denikine,* et *Makno,* nous devons déclarer que la guerre continue sur le plan économique et politique.

Nous savons que l'on ne change pas l'aspect social d'un pays du jour au lendemain, comme sous le coup d'une baguette magique. Nous comprenons qu'il faut des années et encore des années de travail incessant et de rudes efforts pour réaliser le « *Socialisme* », mais nous pensons qu'au cours des 10 années de régime soviétique institué, les résultats obtenus en U. R. S. S. eussent pu être de beaucoup plus considérables qu'ils ne le sont, si le Prolétariat, n'avait pas eu et n'avait pas encore à se défendre contre la guerre intérieure, contre la guerre de « mines » qui lui est livrée dans le domaine économique par tous ceux qui restent attachés à l'idéologie bourgeoise à l'ordre bourgeois, aux institutions bourgeoises.

Le sabotage de notre redressement économique a été mené sur une grande échelle nous disaient les ouvriers et les paysans avec qui nous avons causé. Ceux qui inconsciemment du fait de l'éducation bourgeoise reçue, ou consciemment par leurs attaches à la bourgeoisie, ont travaillé à ce sabotage économique étaient des techniciens, des employés, etc., etc... « Nous avons dû sévir et vaincre leur activité contre le régime ; la dictature du prolétariat s'est en cette circonstance manifestée avec force par le fonctionnement des organes réguliers des Soviets. Si nous n'avions pas usé de notre force, de la dictature, nous aurions été vaincus. Les ouvriers français doivent bien se pénétrer de ce dilemme : vaincre ou être vaincu.

« Pour vaincre il faut la dictature du prolétariat, sans elle le prolétariat est vaincu ».

Voilà ce que nous disaient les ouvriers et les paysans de l'U. R. S. S.

Et ils ajoutaient : « ...la tâche est loin d'être terminée, bien que la lutte semble s'être très atténuée, au point même de paraître terminée. »

Et nous pensons qu'en nous tenant ce langage ils avaient et ils ont encore raison.

Car on ne change pas les « habitudes d'un peuple », on n'apporte pas des modifications profondes à son « système de production » sans qu'il se produisent certains troubles et une certaine réaction de ce Peuple, surtout dans ses éléments les plus profondément inconscients.

La « *Nouvelle Politique Economique* » de l'U. R. S. S. innovée par *Lénine* a été jugée par la bourgeoisie et par des « Révolutionnaires bavards » comme un recul de la Révolution Russe.

En fait elle a marqué une étape imposée par les conditions mêmes du déroulement des événements politiques et économiques du régime Soviétique, par la nécessité d'assurer une base plus large à l'économie de l'U. R. S. S.

Mais si les ouvriers et paysans russes, ont salué la N.E.P. comme une politique tonifiante du régime, ils n'en méconnaissent pas moins les dangers et s'ils méprisent et haïssent les bénéficiaires de la N.E.P., (les Nepmans) ils savent que contre ces nouveaux ennemis ils doivent être alertés en permanence et faire jouer les mille ressorts de leur puissance « *La Dictature du Prolétariat* ».

Les camarades qui nous liront comprendront aisément pourquoi la dictature du prolétariat était nécessaire hier et plus encore nécessaire aujourd'hui. Qu'on ne nous dise pas : « la dictature était nécessaire en 1917-18-19-20, mais depuis 1921 et particulièrement en 1927 les conditions ont changé, et continuer d'appliquer la dictature du prolétariat, ne se justifie plus ».

C'est une erreur, une grave erreur. La bourgeoisie n'a pas désarmé et ses agents travaillent contre les Soviets, politiquement et économiquement, à l'intérieur, comme à l'extérieur des frontières de l'U. R. S. S. Et surtout que les ouvriers français sachent bien que le foyer de la contre-révolution, que le sol qui porte une grosse partie des contre-révolutionnaires de tous les pays et en particulier les contre-révolutionnaires russes, c'est la France, c'est Paris.

D'ailleurs, du fait du caractère même de la lutte, la dictature du prolétariat s'applique dans des formes absolument différents. En période de lutte « armée » contre les ennemis de l'extérieur et pendant la guerre civile, la dictature du prolétariat peut être sanglante. Mais au fur et à mesure que se stabilise la situation, et que disparait les formes violentes de lutte, la dictature du prolétariat prend ainsi des formes différentes, et sans perdre sa fermeté initiale, elle s'adoucit dans son application.

Par cela même les ouvriers doivent comprendre que la dictature du prolétariat, n'est pas un but, mais un moyen.

C'est un moyen nécessaire, indispensable au succès de la révolution.

Conclusions

Nos lecteurs trouveront, certes, notre brochure trop courte, comme du reste, nous-mêmes, avons trouvé court notre séjour au pays des Soviets.

L'argumentation sur des faits contrôlés sera, cependant, aux mains de tous, une arme de plus contre les détracteurs du premier gouvernement prolétarien.

La caractéristique de cet ouvrage est qu'il fut mis au point par des travailleurs de toutes écoles politiques : communistes, socialistes et sans parti, qui ont vu le travail d'organisation gigantesque des travailleurs russes.

Les constatations faites par nous, n'auraient aucune valeur, si nous paraissions ébahis devant la réalité et l'on ne manquerait pas de nous taxer de parti-pris.

Nous voulons surtout, éviter à nos camarades, cette illusion que tout est parfait comme dans le meilleur des mondes et que le Peuple russe libéré n'a plus qu'à dormir sur ses lauriers.

Ce serait rendre un mauvais service à la Révolution russe ; car, pour être vraiment victorieuse, pour pouvoir poursuivre sa marche vers le socialisme, le prolétariat international doit toujours être prêt à la défendre.

Nous devons à la vérité de dire, que l'organisation politique et économique de la Russie nous a dépassés. Nous doutions, même en militants révolutionnaires, de ce que nous avons pu voir. Nous permettons même à nos lecteurs, malgré la confiance qu'ils peuvent nous témoigner, de douter encore. Il faut vivre quelques mois en Russie, il faut avoir vu, causé avec ces travailleurs de toutes professions, pour se faire une idée de leur courage, de leur abnégation et des sacrifices qu'ils consentent encore pour consolider leur République ouvrière et paysanne.

Ces sacrifices nous permettent d'avancer que le prolétariat russe est prêt à toutes les éventualités. Les attaques, les intrigues impérialistes ne peuvent plus, malgré les provocations, **arrêter la marche en avant**, vers la libération totale.

Le Peuple russe est aujourd'hui capable d'avouer ses erreurs et surtout de les corriger. Il a dans tous les domaines de la liberté, de l'éducation et de l'organisation du travail, dépassé de loin **nos bourgeois et capitalistes**, conservateurs et routiniers.

Camarades, ce petit livre doit être le ralliement des forces éparses du prolétariat international. Nous le dédions à tous ; aux meurtris, aux esclaves, à tous les parias, pour qu'ils comprennent que sur terre, un peuple se libère chaque jour davantage, soucieux d'éviter les écueils, les faiblesses antérieures des révolutions passées par l'indispensable Dictature du Prolétariat.

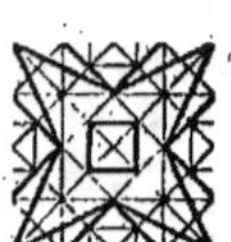

Imprimerie Centrale
5, rue Erard - Paris

www.ingramcontent.com/pod-product-compliance
Lightning Source LLC
LaVergne TN
LVHW021035050726
842519LV00003B/871